2030
대한민국
강대국 시나리오

2030 대한민국 강대국 시나리오

서울대 국제대학원 이근 교수의
새로운 국가 비전과 전략

이근 지음

21세기북스

들어가며

강대국이라는 국가 비전

대한민국은 선진국을 향해 달려왔다. 1960년대 초, 1인당 국민소득이 100달러가 안 되었던 최빈국 대한민국은 1960년대부터 근대화를 향해서 달렸고, 또 민주화를 향하여 달렸다. 1997년 외환·금융위기를 맞았지만 구조조정을 하면서 IT와 문화산업을 부흥시켰고, 평화적인 정권교체를 반복하면서 민주주의를 공고화하였다. 한 국가가 근대화와 민주화를 이루면 선진국이 된다. 나는 그 시점이 2000년대 어딘가가 아닐까 생각한다. 이제 대한민국은 세계가 자랑하는 IT 국가, 첨단 제조업 국가, 민주주의 국가, K-문화로 상징되는 문화 국가, 세계적 수준의 군사력과 방위산업을 가진 국가, 그리고 국민의 높은 교육열과 교육수준을 자랑하는 남부럽지 않은 선진국이 되었다. 국내에만 있으면 잘 모르지만, 해외에서 비교의 시각을 가지고 보면 보이는 것이 바로 '선진국 대한민국'이다.

이렇게 쉬지 않고 달려와서 만든 국가가 '선진국 대한민국'인데, 선진국 달성 20년 정도 되어서 벌써 '피크 코리아'론이 나온다. 대한민국의 성장과 발전이 정점을 지나 하강할 것이라는 담론이다. 이를 뒷받침하듯, 경제성장률도 1~2%대로 떨어졌고, 새로운 혁신과 혁신 기업이 나오지 않는다. 게다가 2024년 말, 민주주의 대한민국에 씻을 수 없는 상처를 남기는 정치적·군사적 사건마저 일어났다. 윤석열 정부는 마음에 안 드는 모든 것을 물리적·군사적 힘으로 제압하겠다는 이른바 비상계엄을 선포하여 대한민국의 민주주의를 말살하려 하였다. 물론 이 비상계엄은 국회를 지킨 국회의원들과 시민들의 힘으로 바로 해제되었지만, 비상계엄으로 갔던 정치적 과정을 되돌아보면 근대적인 선진국 대한민국이 전근대적 정서와 문화로 운영되었다는 것을 알 수 있다.

특정 정치인을 교주 모시듯 당이 운영되고, 대통령은 마치 왕인 듯 행세하고, 그 대통령에 대한 충성과 반역을 따졌다. 국민을 대변한다는 정치인들은 어느새 '나으리'가 되어가고, 심지어는 국가 운영과 인사에 주술과 미신이 등장하기까지 하였다. 정권교체는 시대에 맞는 더 나은 정책을 추진할 수 있는 세력으로의 교체가 아니라 마치 조선 시대 사화처럼 이루어진다. 정적 숙청과 자리 나눠 먹기가 되고 있다. 왕이 된 대통령은 기어코 국민의 기본권을 통제하고, 영구집권을 꿈꾸는 친위 군사쿠데타를 일으키고 만 것이다.

이제 '대한민국호'라는 우리가 다 같이 타고 있는 이 배를 재점검할 때가 되었다. 앞만 보고 달려가면 성찰에 앞서 관성에 따라 몸이 먼저 움직인다. 이제 성찰을 통하여 우리가 가고 있는 방향이 맞는 것인지, 우리의 체력이 어느 정도인지, 우리가 제대로 된 철학을 가지고 나아가고 있는지, 그동안 간과한 빈 구석이 어디인지를 점검해야 한다.

그리고 이 점검은 국내적인(=안) 점검과 국제적인(=밖) 점검 모두 필요하다. 국내적인 점검은 선진국 대한민국을 더욱 진화시키고 이상적인 수준까지 완성시키기 위한 점검이고, 국제적인 점검은 우리 국민이 평화롭고 부강하게 살 수 있는 국제적인 위치에 대한민국을 갖다 놓는 점검이다. 전자는 선진국 비전을 다시 만드는 것이고, 후자는 강대국 비전을 만드는 일이다.

국가 비전의 최종 단계는 '선진국'과 '강대국' 두 가지밖에 없다. 국가의 발전 단계에 따라 선진국과 강대국으로 가는 초기나 중간 단계 어딘가에 있을 수 있으나, 국민에게 편안하고 안전하고 번영된 문화적인 삶을 제공하기 위해서는 국가 비전의 종착지로 선진국과 강대국을 목표로 삼아야 한다. 지금 대한민국은 비록 '피크 코리아'라는 담론을 마주하고 있지만, '피크(꼭대기)'는 동시에 세계 최고의 선진국, 강대국을 꿈꿀 수 있는 정도의 위치에 와 있다는 것을 의미한다. 중견국이나 가교국 정도의 소박한 국가 비전으로는 다시 대한민국을 달리게 할 수도 없을뿐더러, 국가의 목표가 무엇인지도 확실히 알 수가 없다. 그러한 비전은 미래를 향한 비전이 아니라 현재에 매몰된 현상 유지적 비전이기에 국민이 힘을 합하여 만들고자 하는 이상적인 국가의 모델을 전혀 제시하지 못한다.

선진국이라는 국가 비전의 내용은 아마도 '근대화 2.0'으로 채워져야 할 것이다. 우리의 근대화는 산업화라는 '물적 근대화'에만 치중되어왔다. 그러다 보니 '외국에서 수입한 근대'를 통하여 겉모습은 그럴듯하게 갖추었지만, 근대라는 하드웨어를 돌리는 근대적 소프트웨어가 함께 발달하지 못하여 지금 여러 가지 부작용이 나타나고 있다. 위에서 언급한 전근대적인 관습·관행·문화가 현재 조명을 받는 이유는 근대 국가 운영의 하드웨어와 소프트웨어가 드디어 극단의 부조화를 보이기 때문이다.

선진국 대한민국의 완성을 위해 남은 숙제는 근대적인 관습·관행·문화를 갖추어 나가는, 즉 근대적 소프트웨어로 기존 소프트웨어를 업데이트하거나 교체하는 일이다. 1980년대 이전 개도국에서 태어난 기성세대는 이 근대적 소프트웨어를 자연스럽게 체득하지 못하였다. 하지만 우리의 젊은 세대는 세계적 수준의 교육을 받은 국제화된 세대이기에 기성세대에 훨씬 앞서는 근대적 소프트웨어를 체득하고 있다. 선진국을 완성하는 근대화 2.0 프로젝트는 이 시대의 가장 근대화된 관습·관행·문화의 도입과 세대교체 혹은 세대 전환이 그 중요한 내용이다.

이 책에서는 국내적 미래 비전인 '근대화 2.0'을 다루지 않는다. 이 주제는 국제정치를 전공한 나보다는 국내 문제와 비교연구에 천착해온 다른 지식인들이 더 잘 다룰 것으로 믿는다. 대신 이 책은 국가 비전의 또 다른 최종 단계인 '강대국 비전'을 다루고 있다. 국가가 강대국이 되어야 국제환경에 수동적으로 연약하게 흔들리지 않고, 적극적으로 국제환경을 통제하고 만들어나갈 수 있다. 국제환경·국제질서의 주인이 되는 것이 바로 강대국이 되는 것이다. 국제환경의 종속변수가 되면 우리는 강대국의 눈치나 보면서 겨우겨우 국가와 국민의 생존을 이어가는 비참한 생활을 하게 된다.

강대국으로 둘러싸인 대한민국의 최종적인 국가 비전은 그들과 함께 강대국이 되는 것밖에는 없다. 강대국 사이에서 같이 강대국이 되지 않고 중견국 수준에서 머물러 있으면, 국민이 불안하고 우리가 우리 운명을 독립적으로 개척하기 어렵다. 고래들 사이에서 돌고래가 된다는 비유같이 허무하고, 또 내용을 채우기 어려운 국가 비전도 없다. 강대국이 되는 것이 현실적이지 않다고 생각하는 사람들이 많다. 그러나 우리가 선진국이 되는 것도 현실적이지 않다고 생각하는 사람이 많았다. 더군다나 지금 우리는 최빈국에서 시작하여 선진국을 목표로 하는 위치의 국가가 아니다. 경제·군사·기술·문화·인적자원 면에서 강대국을 만들 수 있는 잠재력과 힘을 가지고 있다. 단지 강대국을 만드는 방법, 강대국이 되고자 하는 의지, 강대국이라는 꿈을 사회 지도층이 제시하지 못하고, 국민에게 그 꿈을 불어넣지 못할 뿐이다.

우리 민족이 역사상 한 번도 만들어보지 못한 국가가 바로 강대국이다. 이제 우리 국민은 강대국의 꿈을 안고 다시 한번 달릴 때가 되었다. 우리가 지금 상대하고 있는 국제환경인 '자유주의 국제질서'는 군사력·인구·영토의 크기가 아닌, 경제력과 기술력과 인적자원으로 강대국을 만드는 국제질서이다. 2차 대전 이후 일본과 독일이 그렇게 강대국으로 부활하였고, 중국도 군사력이 아니라 경제력·기술력으로 부활하였다. 우리 민족이 유사 이래 세계적인 선진국이 된 것도 바로 1945년 이래 시작된 이 자유주의 국제질서의 시대가 있었기에 가능했다.

내가 스스로 무언가를 만드는 일은 가슴을 뛰게 한다. 어릴 때

모형을 조립하던 그 설렘과 다름이 없다. 그림을 그리고 음악을 작곡하는 기쁨과도 같다. 하물며 국가를 만드는 일은 위대한 설렘이 아니겠는가. 이것은 과거 제국을 만드는 일과 같은 원대한 설렘이다. 이러한 꿈과 설렘이 있어야 국민이 다시 뛰고, 단합하게 된다고 믿는다.

최근 연구에 의하면, 강대국의 잠재력을 지녔던 국가 중 오직 '강대국 비전'을 만들어낸 국가만이 실제로 강대국이 되었다고 한다. 강대국 담론과 강대국 비전이 있어야 국제질서의 주인공이 될 수 있다는 의미이다. 잠재력이 있어도 강대국 비전이 없어서 강대국이 되지 못한 대표적인 국가가 과거의 네덜란드, 지금의 인도와 일본 등이고, 강대국 비전으로 강대국을 달성한 나라가 과거의 일본, 지금의 중국과 미국이라고 할 수 있다.[1] 강대국이라는 비전을 향하여 국민이 함께 뛰어갈 수 있어야 국가와 사회의 운영체계가 그 비전을 향하여 재조정되고, 자원이 그 비전을 향하여 재배분되고, 인적자원이 그 비전을 향하여 양성되고 동원되기 때문이다.

이 책을 열린 마음으로 읽어주시길 당부드린다. 변화를 읽어내려면 열린 마음이 필요하다. 과거 학교나 사회에서 배운 상식을 잠시 접어두고 새로운 문법에 마음을 열었으면 한다. 세계는 이미 자유주의 국제질서라는 근대의 문법을 따르고 있고, 그 문법이 우리에게 선진국과 강대국의 길을 열어주고 있다. 이제 이 새로운 문법을 알아야 그동안 잘 안보이던 세상과 가능성이 보이기 시작한다.

기존의 문법과 다른 새로운 문법을 마주하면 매우 불편하다. 그렇다고 편안한 과거에 매달려 "라떼는 말이야…"를 설교하면 그건 세상 바뀐 것을 모르는 꼰대로 가는 길이다. 이 책에 불편한 내용이 꽤 들어 있으리라고 생각한다. 하지만 열린 마음으로 읽다 보면 기득권이나 진영의 사고가 아닌 '우리 대한민국의 미래'라는 눈높이에서 새로운 문법이 머리에 들어오리라 믿는다.

학문과 이론에 관심이 있는 독자는 처음부터 순서대로 읽기를 권하지만, 지금 여기에서 벌어지는 현실에 더 빨리 다가가고 싶은 독자라면 2부 4장부터 읽어도 크게 문제가 없으리라 생각한다.

이 책은 대한민국에 강대국 담론과 강대국 비전을 제시하고자 하는 기초작업이다. 비록 많은 부작용을 낳았지만, 제국주의 시대에는 제국을 만들어야 국제질서의 주인공이 될 수 있었듯, 지금 자유주의 국제질서의 시대에는 경제력과 기술력과 인적자원의 강대국을 만들어야 국제질서의 주인공이 될 수 있다. 그리고 국제질서의 주인공이 되어야 다른 강대국과 함께 우리가 우리의 밝은 미래를 만들 수 있다. 현실 세계에서의 미래는 예측하는 것이 아니라 만드는 것이다.

차례

들어가며 | 강대국이라는 국가 비전 • 4

1부
강대국의 이론적 이해

1장 강대국이란 무엇인가 • 19

01 에너지의 관점에서 보는 국가의 '힘' • 21 | 02 국제질서와 강대국 • 28

**2장 먹고사는 문제와 질서의 문제:
'전근대 질서'와 '근대 질서'의 구분** • 33

01 지정학과 전근대 국제질서 • 35 | 02 자본주의 산업화와 근대 국제질서 • 44 | 03 자유주의 세계시장질서 • 49

2부
강대국 대한민국 만들기

1장 왜 강대국 대한민국인가? • 59

01 제국을 향한 꿈 • 61 | 02 강대국이 되는 새로운 길 • 65 |
03 자유주의 국제질서의 동학과 문법 • 68 | 04 대한민국의 지향점 • 71

2장 21세기 강대국의 조건 • 73

01 국제질서라는 기반이 없다면 • 75 |
02 민간부문과 공공부문의 균형 발전 • 82

3장 21세기 강대국은 어떤 힘을 가져야 하나? • 87

01 소프트 파워와 하드 파워에 대한 오해와 진실 • 89 | 02 에너지와 하드 파워, 소프트 파워 • 91 | 03 전근대의 하드 파워와 소프트 파워 • 94 | 04 근대의 하드 파워와 소프트 파워 • 97 | 05 국가 비전의 종착점은 선진국과 강대국뿐 • 103

4장 강대국의 뇌: 강대국적 사고와 행동 • 113

01 뒤처진 사고방식과 리더십 • 115 |
02 대한민국이 대응해야 할 위협들 • 121

5장   제국의 역습: 21세기 중국과 제국의 관성 • 127

01 연성 권위주의와 발전국가 모델 • 129 |
02 대륙제국과 자본주의 시장 사이에 존재하는 중국 • 133

6장   미래를 위해 협력해야 할 한일 자유주의 세력 • 139

01 자유주의 국제질서에서 일본은 어떠한 국가가 되었는가? • 141 |
02 한일협력으로 인구 감소와 미래 시장 문제 대처 • 150

7장   남북관계의 기회비용 • 155

01 이론적 논의 • 157 | 02 자유주의 국제질서와 남북관계 주도권 • 163

8장   핵무장에 관하여 • 173

01 이론적 논의 • 175 | 02 현실에서의 논의 • 181

3부
강대국 입구를 막아선 것들

1장 '예능 국가'로 향해 가는 대한민국 • 193

01 정치와 지식 세계의 타락 • 195 | 02 빠른 정보화에 이은 '모니터 사회'의 출현 • 197 | 03 어떻게 모니터를 지배하는가? • 200 | 04 공공영역을 무너뜨리는 예능 국가화 • 205

2장 디지털 전환과 녹색 전환을 넘어 세대 전환으로 • 207

01 이권 카르텔의 탄생 • 209 | 02 절박한 세대 전환 • 214

3장 권력투쟁 명분이 되어서는 안 될 국제정치 • 219

01 '반일'은 언제 따져야 하는가? • 221 | 02 '반일'이라는 명분론 • 224 | 03 '실리외교'라는 명분론 • 229

4장 보수 근대화세력은 어디로 갔는가? • 233

01 지금의 보수세력은 근대화세력의 후예인가? • 235 | 02 전근대화세력이 된 보수세력 • 241

나가며 | 강대국 소프트웨어 만들기를 시작할 때 • 245
미주 • 252

[1부]

강대국의
이론적 이해

1장

강대국이란 무엇인가

강대국은 어떻게 만들어지는 것일까? 과거에는 지정학적 요인과 전근대 국제질서 속에서 전쟁과 정복으로 강대국이 탄생했지만, 현대에는 자본주의 산업화와 자유주의 세계시장질서 속에서 경제력과 기술력이 강대국을 결정한다. 그렇다면 대한민국은 어떤 길을 선택해야 강대국으로 도약할 수 있을까?

01
에너지의 관점에서 보는 국가의 '힘'

역사상 수많은 강대국이 일어나고 사라지곤 하였다. 이집트제국, 페르시아제국, 로마제국, 오스만제국, 몽골제국, 중화제국 등 대륙의 수많은 강대국이 부상하고 저물고, 또 사라지곤 한 것이 국제정치의 역사다. 대륙을 벗어나서 해양으로 가도 초기 해양제국인 포르투갈, 스페인, 네덜란드, 그리고 산업혁명 이후의 영국, 일본 등의 강대국 역시 한 시대를 호령하다 제국의 영광을 뒤로하였다. 2차 대전 이후에는 자본주의 시장경제를 통해 성장한 미국·일본·독일이 강대국의 반열에 올랐고, 21세기에는 자본주의 시장경제를 채택한 중국이 미국의 뒤를 이어 세계 2위의 초강대국으로 부상하였다.

오래가는 강대국이 있지만, 영원한 강대국은 없다. 그리고 약소국이었던 국가가 새로운 시대에 새로운 강대국으로 등장하기도 한다. 강대국은 어떻게 만들어지는 것일까? 그 비밀은 무엇인가?

강대국에 대한 의문과 호기심은 역사에 관심을 둔 수많은 사람의 지적 관심사이다. 또한, 약소국으로서 온갖 모욕과 궁핍을 경험한 국가의 지도자들에게는 강대국이 꿈을 실현하는 실천적 관심이기도 하다. '강대국론'은 이렇게 이론과 실천 모두를 동시에 요구하는 사회과학의 명확하고 중요한 주제 중 하나이다.

이 책에서는 강대국을 다음과 같이 정의한다. '당대의 국제질서 하에서 인간의 생존과 경제활동, 그리고 위기나 전쟁 시에 필요한 에너지를 다른 국가보다 훨씬 높은 수준으로 생산·유지·동원할 수 있는 국가.' 물론 나의 정의다. 그리고 이 정의의 핵심에는 내가 생각하는 '힘'에 대한 본질적인 이해가 있다. 강대국은 그 어휘가 내포하듯 '강한 힘'을 가진 국가이기 때문에 그렇다. 반대로 약소국은 말 그대로 '힘이 약한' 국가를 의미한다. 그러기에 힘에 대한 이해가 그 출발점이 되어야 한다.

정치학이나 국제정치학에서는 힘에 대한 정의를 추상적으로 그리고 동어반복적으로 하는 경향이 있다. 예를 들어 남들에게 하기 싫은 일을 하게 만드는 '힘', 혹은 남들이 자발적으로 내가 원하는 일을 하도록 만드는 '힘'과 같이 추상적으로 어떤 결과를 이끌어내는 '힘'을 동어반복적으로 힘 혹은 권력, 파워라고 정의하곤 한다.

반면 이 정의가 너무 추상적이어서 그 힘을 만들어내는 데 필요한 자원에 치중한 보다 구체적인 힘의 정의도 존재한다. 예를 들어 군사력, 경제력, 인구의 규모와 땅의 규모 등을 힘으로 바로 이해하는 경우도 있다. 더 구체적인 힘의 정의라고 할 수 있지만, 과연 이러한 자원이 존재하면 반드시 '힘'이 생기는지에 대한 문제, 즉 자원이 힘으로 전환되는 과정에 대해서는 논의를 배제한다. 그러다 보니 힘에 대한 정의나 이해가 대단히 맥락 의존적context-dependent으로 되는 경향이 생긴다. 즉 '특정 맥락이나 조건에서는 특정 자원이 특정한 방향의 힘을 얻기 위하여 유효하다'와 같은 분석을 하게 된다.[2]

이런 맥락 의존적인 힘의 분석을 하면, 특정 맥락이나 조건에서 힘의 성격을 이해할 수는 있지만, 어떤 국가가 일반적으로 강대국이고 어떤 국가가 약소국인지를 분석하는 데 어려움이 생긴다. 전반적으로·구조적으로 힘이 강한 국가, 즉 맥락을 넘어서서 오랜 기간 강한 국가가 강대국일 터인데, 이는 맥락 의존적인 분석만으로는 이해하기 어렵다. 그래서 이 책에서는 보다 본질적인 힘에 대한 이해, 즉 물리학적인 힘 그 자체인 '에너지'에 대한 이해로 돌아가서 힘과 강대국에 대한 설명을 해보고자 한다.

일반적으로 힘이 약한 인간은 에너지가 부족한 사람을 지칭한다. 신체 능력뿐만 아니라 정신력이 약한 경우도 에너지를 동원해내는 의지가 약하기 때문에 전체적으로 약하다고 할 수 있다. 영양이 부족하여 쓰러져가는 사람에게 강한 정신력을 기대하는 것은 현실적이지 않다. 물론 예외적으로 신체적인 힘이 빠져도 정신력이 매우 강한 사람이 있다. 하지만 그 경우에도 의지력으로 존재하는 에너지를 끌어모아 소진하기 때문에 에너지는 금세 고갈된다. 즉 약해진다.

국가도 마찬가지이다. 국가를 구성하는 사람들에게 식량이라는 에너지원을 충분히 제공하고, 그 사람들의 에너지를 사용하여 식량 생산과 동물 사육 등 지속적인 에너지원을 확보하고, 거기서 남는 에너지로 다양한 경제활동과 개척·개발을 하고, 위기와 전쟁 시 순간적으로, 그리고 지속 가능한 에너지 동원 체계를 가지고 있는 국가는 강한 국가이다. 이를 좀 더 부연하여 설명하면 다음과 같다.

산업혁명 이전 농업경제 시대에는 인간과 가축의 생존과 관련한 에너지는 식량에서 나오고, 식량을 확보하는 경제활동, 즉 농사에 필요한 에너지는 인간의 노동력, 소와 가축 등 동물의 힘에서, 그리고 전쟁 시의 에너지는 인간, 동물, 그리고 무기라는 도구에서 나왔다. 어떤 무기를 사용하느냐에 따라 인간이 상대방에게 가하는 에너지의 효율은 현격하게 차이가 난다. 예를 들어 전장에서 칼이나 창 대신 활을 쏠 수 있으면 원거리에서 훨씬 많은 적을 살상할 수 있다. 활보다 총이나 대포를 사용하면 훨씬 적은 에너지를 사용하여 훨씬 큰 에너지를 만들 수 있다. 에너지라는 면에서 전쟁 시 가장 파괴적인 에너지가 발생하는 무기가 핵무기라는 것을 떠올리면 무기와 에너지 간의 관계를 쉽게 알 수 있다.

　이렇게 에너지의 관점에서 국가의 힘을 보면 산업혁명 이전의 국가의 힘은 저 세 가지 차원의 에너지가 선순환을 이룰 때 최고에 달한다고 할 수 있다. 즉 산업화가 본격화되기 이전에는 이러한 3대 에너지원(식량, 노동력, 무기)을 풍부하게 보유하고 동원할 수 있는 나라가 강대국이었고, 대부분 주변을 정복·복속하면서 '제국'이 되었다. 식량이 풍부해야 노동력과 가축에 의한 힘으로 농업이라는 경제활동을 풍부하게 할 수 있고, 그 힘을 전쟁 시에 동원하고 유지할 수 있어야 자국의 비옥한 영토를 지키고 남의 비옥한 영토를 정복할 수 있다. 정복에 의해 획득한 농토와 노예를 통하여 다시 그 강대국의 에너지 선순환 구조가 고도화된다. 이것이 고대의 제국이 만들어지는 과정이다(물론 해상무역을 통하여 제국이 된 후일 유럽의 해양제국들은 통상이라는 방식에 의해서 3대 에너지원의 선순환 구조를 만들었지만, 그 기본 원리는 동일하다).

　고대의 강력한 제국인 로마의 흥망성쇠를 기술한 문헌을 보면, 로마제국의 힘의 원천을 정치제도, 조세제도, 도시 인프라, 동원체제, 군사력 등에서 주로 찾는다. 하지만 위에서 언급한 힘의 1차적 원천인 식량문제를 어떻게 해결했고, 그것이 최종적으로 군사력에 어떻게 연결되었는지를 기술한 문헌은 쉽게 접할 수 없다. 물론 내가 로마사 전문가가 아니어서 과문한 탓일 수도 있다.

그런데 로마는 지중해에서 가장 면적이 넓고 비옥한 평야를 끼고 출발했다. 로마제국 시대의 시인인 베르길리우스Vergilius는 이 비옥한 평야를 고대 군사력의 원천인 밀집된 인구를 먹여 살린 '사람들의 어머니'라고 표현했다.

그리스의 스파르타와 아테네 간의 이른바 패권전쟁(사실 패권전쟁이 아니라 자그마한 도시국가 연합 전쟁 정도라 할 수 있다)을 지칭하는 펠로폰네소스 전쟁은 그리스 도시국가들이 식량 문제와 군량 문제를 어떻게 해결했는지에 관해서는 거의 언급하지 않는다. 그래서 이 문제를 조금만 살펴보면 펠로폰네소스 전쟁은 널리 알려진 상식과는 다르게 강대국 간의 패권전쟁이 아님을 알 수 있다.

매우 척박한 지리적 환경을 가진 그리스의 도시국가들이 당대 주변의 거대한 대륙제국인 이집트, 페르시아 등에 비해 얼마나 강대했는지는 모르겠지만, 식량을 이집트나 페르시아와 같은 주변 농업제국에서 수입하지 않았다면 자체 에너지원과 노동력 부족으로 절대 강해질 수 없었을 것이다. 산악지대가 대부분인 이들 도시국가의 주요 에너지원은 올리브와 포도, 약간의 곡물, 그리고 와인 등이었는데, 이런 자체 에너지원만을 가지고 패권국가를 건설했고 또 패권전쟁을 했다는 해석은 말이 안 된다. 그렇다면 그리스의 도시국가들은 이집트나 페르시아와 같은 주변의 농업제국에 에너지원을 의존하는 사실상 소국들이었다고 할 수 있다.

스파르타는 아테네에 비해 비교적 넓은 곡물 생산지를 보유하여 당시 아테네를 능가하는 힘을 가질 수 있었지만, 스파르타를 포함한 그리스반도의 군인들이 올리브와 포도만 먹고 전쟁을 했다는 것은 어불성설이다.[3] 이러한 맥락에서 보면 고대 펠로폰네소스 전쟁을 21세기 미·중 간 패권경쟁의 원형으로 보는 그래함 앨리슨의 '투키디데스 트랩'은 대단히 몰역사적인, 그냥 흥밋거리의 스토리텔링 수준의 작업이 아닐 수 없다.[4] 다른 사회과학에서는 오늘날의 현상을 이해하기 위해 전혀 맥락이 다른 고대의 작은 반도 국가에서 일어난 현상을 법칙으로 참고하는 경우는 없다. 예를 들어, 자본주의 시장과 인터넷으로 돌아가는 현대 사회를 고대 아테네를 참고하면서 이해할 수 있을지 모르겠다.

이렇게 힘을 물리학적인 에너지의 관점에서 보는 기본으로 돌아가면 기존의 국제정치사에서 안 보이던 것들이 조금씩 보이기 시작한다.

02
국제질서와 강대국

강대국을 이해하는 데 있어서 국제질서에 대한 이해는 필수이다. 강대국이 국제질서를 만들기도 하였지만, 그 국제질서에 가장 잘 적응한 새로운 국가가 새로운 강대국으로 등장하기 때문이다. 또한, 기존 국제질서가 바뀌면서 그에 따라서 변화하지 못하는 강대국은 역사의 뒤안길로 사라지고, 새로운 국제질서의 새로운 강대국이 그 자리를 대체한다. 즉 강대국과 국제질서는 동전의 양면과 같아서 국제질서를 알아야 강대국을 알 수 있고, 강대국을 알면 국제질서가 보인다. 강대국론과 국제질서론은 분리해서 쓸 수 없다. 그러한 이유로 이 장에서는 국제질서론과 그와 연결된 강대국론에 대해서 간략히 소개하고자 한다(국제질서론은 한 권 분량의 책이 필요한 이론이어서 다른 책에서 보다 자세히 설명하기로 한다).

국제질서와 관련된 기존 국제정치학은 현실주의 국제정치 이론의 영향을 과도하게 받아서 매우 단순한 국제질서관을 상정하고 있다. 단순화의 위험을 감수한다면, 기존 국제정치학의 국제질서론은 강대국 숫자가 몇 개인가를 중심으로 하여 구성되어온 경향이 있다고 할 수 있다. 예를 들어 강대국의 숫자가 두 개이면 양극체제 혹은 양극질서, 세 개이면 삼극체제 혹은 삼극질서, 그 이상이면 다극체제 혹은 다극질서라고 한다. 국제질서에 초강대국 하나만 존재하는 경우는 인류 역사상 매우 드물었지만, 탈냉전기 초기 미국이 압도적인 힘을 가진 시기를 일극체제, 일극질서, 혹은 패권체제, 패권질서라고 부른다. 이러한 강대국 숫자 중심의 국제질서에서는 강대국 간에 세력균형이 잘 이루어져 있으면 질서가 안정되었다고 하고, 세력균형이 무너지면 질서가 불안정해진다고 한다.[5]

이러한 현실주의 국제정치학에서는 국제정치와 국내정치를 매우 단순하게 구분하는데, 정부가 존재하는 국내정치는 위계질서 Hierarchy, 세계정부가 존재하지 않는 국제정치는 무정부 상태 Anarchy라고 구분한다. 정부가 존재하지 않기 때문에 무정부 상태라는 말을 쓰면 그 말 자체가 동어반복이 되지만, 현실주의 국제정치학에서는 이 무정부 상태가 국제정치와 국내정치를 구분하는 가장 중요한 잣대이다. 국제정치의 이 무정부 상태는 세계제국이 나타나지 않는 한 고대건 중세건 근대건 현대건 변화하지 않는 조건이어서 현실주의 국제정치학은 애초에 국제질서의 진화라는 사고방식을 갖고 있지 않다. 단순히 무정부 상태에서는 힘센 국가만 살아남는다고 보고, 그 힘센 국가, 즉 강대국의 숫자가 몇 개인가만을 계산하여 국제질서의 안정과 불안정만을 논한다.

그래서 냉전기는 미·소가 대립하는 안정된 양극질서였고, 탈냉전 초기는 일극질서, 냉전 이전은 학자에 따라 영국 중심의 일극질서, 혹은 강대국 제국들이 경합하는 안정과 불안정 사이를 왕복하는 다극질서라고 이해한다. 인간이 생존을 위하여 어떤 방식의 경제활동을 하고, 어떤 법과 규범·제도를 만들었고, 인간 간의 교류가 어떠한 방식으로 이루어졌고, 국가 간의 접촉과 분쟁의 밀도가 어느 정도였으며, 기술의 발전이 인간의 생활에 어떤 영향을 미쳤는지를 따지는 것은 불필요하다. 단지 강대국의 숫자에 따라 전쟁과 평화의 어느 쪽으로 국제질서가 기울고 있는지를 파악할 뿐이다.

이러한 국제질서관 속에서는 어떻게 특정 국가가 새로운 강대국이 되었고, 어떻게 특정 국가가 약해져서 소멸했으며, 어떻게 또다시 새로운 강대국이 등장하는지 등에 대한 설명은 그리 중요하지 않다. 다만 강대국은 전쟁에서 이기는 힘을 가진 국가이고, 전쟁에서 패하면 국제질서에서 사라지거나 약소국이 된다는 믿음만을 가지고 있다. 그냥 무정부 상태에서 국가들이 전쟁을 하고, 그 결과 생겨나는 강대국의 숫자의 분포와 변화만이 중요할 뿐이다.

물론 전근대의 시기, 즉 산업화, 자본주의 시장화, 탈종교와 과학 및 합리성으로 표상되는 근대 이전의 시기에는 강대국이 전쟁의 승패에서 결정된 것은 사실이다. 로마, 페르시아, 몽골 등은 전쟁과 정복을 통해 대제국이 되었고, 강대국으로 등장하였다. 하지만 어떻게 다른 국가가 하지 못한 일을 이들 국가만이 할 수 있었을까? 어떤 요건을 갖추고 있었기에 전쟁에서 이기는 힘을 갖게 된 것일까? 새롭게 등장한 강대국은 도대체 이전 강대국이 갖지 못한 무엇을 가졌던 것일까? 등에 대한 질문에 현실주의는 특별히 답을 하지 않는다.

게다가, 근대화 이후의 세계인 20세기와 21세기에는 강대국이 전쟁을 통하여 등장한 것이 아니라 시장을 통하여 등장하기 시작한다. 전후의 일본이 세계 2위의 강대국이 된 것과 탈냉전 이후 중국이 세계 2위의 강대국이 된 것은 전쟁이 아니라 시장에서 승리하였기 때문이다. 러시아가 강대국의 반열에서 서서히 밀려난 이유도 전쟁이 아니라 시장에서 밀렸기 때문이다.

그래서 강대국을 이해하기 위해서는 앞에서 말한 에너지의 선순환 구조를 어떻게 구축할 수 있었는가에 눈을 돌려야 한다. 그리고 그 에너지 선순환 구조의 구축은 국제질서와 매우 밀접하게 연결되어 있다. 이제 국제질서가 무엇인지에 대한 정의를 현실주의 국제정치 이론과는 다른, '먹고사는 문제와 방식'에 초점을 맞추어 보다 상식적인 차원에서 내려보고자 한다.

2장

먹고사는 문제와 질서의 문제:
'전근대 질서'와 '근대 질서'의 구분

먹고사는 문제를 해결하기 위하여 주로 농업과 자연지리에 의존하던 전근대 국제질서는 전환기 제국주의 시대를 거쳐, 모든 것을 국내시장과 국제시장이 결합된 자본주의 세계 범용시장에서 해결하는 자유주의 국제질서로 진화한다. 대부분의 국가가 합의한 규범과 규칙, 즉 다자주의를 통하여 하나의 국제시장이 형성되면서 본격적으로 '국제사회'가 등장하였다.

01
지정학과 전근대 국제질서

인간 세상에서 질서를 논할 때, 먹고사는 문제를 빼놓고 얘기할 수 없다. 인간들이 자본주의 시장경제를 통해서 먹고사는 문제를 해결하면, 우리는 이를 자본주의 질서라고 표현하고, 사회주의 계획경제에 의해 먹고사는 문제를 해결하면, 이를 사회주의 질서라고 표현한다. 자본주의 질서는 인간이 자유시장경제에서 먹고사는 문제를 해결하는 데 필요한 다양한 법과 제도·규범이 따라붙고, 그 법과 제도와 규범을 유지하고 변경하고 발전시키는 데 필요한 정치제도 역시 존재한다.

자본주의 질서는 반드시 민주주의 정치제도와만 공존할 수 있는 것은 아니다. 권위주의나 전체주의적인 자본주의 질서도 가능하다. 중요한 것은 먹고사는 문제를 어떻게 해결하느냐에 있다. 마찬가지로 사회주의 질서는 중앙집권화한 국가의 계획에 의해서 먹고사는 문제를 해결한다. 사회주의 국가의 경우 중앙의 계획이 필요하기에 민주주의가 병존하기는 힘들지만, 사회주의 국가 중에서 자본주의 국가보다 훨씬 덜 권위주의적인 국가도 존재하였다. 문제는 어떤 조합이 위에서 말한 에너지 선순환 구조에 최적화되었는지를 판별하는 것인데, 그 조합이 결과적으로 강대국이냐 아니냐를 결정한다.

마찬가지로 국제질서도 먹고사는 문제와 연결되어 있다. 다른 국가의 영토나 재산 혹은 노동력을 무력으로 강제로 탈취하여 먹고사는 문제를 해결하는 국제질서와 다른 나라와 특산품이나 귀금속을 중심으로 교역을 하여 먹고사는 문제를 해결하는 국제질서, 그리고 다른 나라와 자유시장경제에서 시장원리에 따라 무역을 하여 먹고사는 문제를 해결하는 국제질서 등을 상정할 수 있다.

남의 것을 강제로 탈취하여 먹고사는 문제를 해결하는 국제질서를 일단 여기서는 '지정학 질서' 혹은 '전근대 무력질서'라 개념화하고, 특산품과 귀금속 중심의 교역을 통하여 먹고사는 문제를 해결하는 질서를 '전근대 교역질서'라 개념화한다. 그리고 국제 자유시장경제를 통하여 먹고사는 문제를 해결하는 질서를 '근대 국제질서' 혹은 '자유주의 국제질서'라고 개념화한다. 앞의 두 개의 국제질서는 통합하여 다시 '전근대 국제질서'로 크게 범주화하고 자본주의 시장이 국제질서에 전면적으로 등장한 이후의 국제질서를 '근대 국제질서'라고 대별한다.

인간 세상의 질서가 근대로 진화하기 이전인 전근대 질서에서 먹고사는 문제를 어떻게 해결했는지를 살펴보면, 대부분의 국가가 기본적으로 자연지리, 즉 땅과 바다를 이용해서 먹고사는 문제를 해결하였다. 땅에서는 농사를 짓거나 수렵·유목 생활을 하였으며, 바다에서는 물고기를 잡거나 바닷길을 따라 특산품의 원거리 교역을 하였다. 원거리 교역은 상당한 모험과 기술을 요하는 일이라 특정 지역을 제외하고는 흔하지 않았고, 대부분 그냥 농업경제에 의존했다고 보면 된다.

어떤 부족이나 나라가 운 좋게 비옥한 땅과 좋은 기후를 갖고 있으면 거기서 농사를 풍부하게 지어 위에서 언급한 에너지 문제를 해결할 수 있었다. 대부분의 전근대 제국은, 예를 들어 4대 문명의 제국들은, 이러한 자연지리적 조건을 갖추고 있었다. 비옥한 땅이 좁다고 생각하거나 혹은 더 편안하고 여유 있는 에너지원을 확보하려면, 주변을 정복하여 땅과 노동력(노예)과 식량을 더 확보하였고, 그 과정에서 제국이 팽창하였다.

반면 자연지리적 조건이 좋지 않은 곳에 정착한 사람들은 중앙아시아 지역의 부족처럼 유목 생활을 하거나 유럽의 게르만족처럼 산속에서 유목과 경작을 하면서 겨우 생존을 유지할 수밖에 없었다. 겨우 생존을 유지한다는 의미는 에너지라는 기준에서 볼 때 강대국이 아니라는 뜻이다.

이렇게 대비되는 두 개의 자연지리를 놓고 국제정치를 보면, 소위 '전근대 지정학 질서'가 금방 이해된다. 제국은 풍부한 식량을 확보할 수 있는 비옥한 땅을 가지고 있고, 이러한 땅을 노리고 있는 주변 세력을 정복하거나 복속시켜 자신의 영향권sphere of influence을 넓게 확보한 국가를 의미한다. 위에서 언급한 중앙아시아 같은 중원의 유목세력은 열악한 지리적 조건에서 생활하고 있었기 때문에 기후변화와 같이 식량 공급에 충격을 주는 자연현상이 발생하면 좋은 조건의 지리를 찾아 대규모의 이주를 하게 된다. 그리고 이러한 이주는 흔히 무력을 동반한다. 그 이유는 좋은 조건의 지리는 이미 다른 세력이 차지하고 있기 때문이다. 만약 유목세력이 순식간에 거대한 에너지를 동원하여 상대방을 제압할 힘이나 기술을 개발할 수 있다면, 이들 유목세력이 비옥한 땅과 문명을 확보한 제국을 제압하여 새로운 강자로 등장하고, 그렇지 못하면 소멸된다.

대개 중원의 유목세력은 말과 활, 화살, 대포 등의 새로운 무기체계, 그리고 뛰어난 전술과 정복한 보급로의 연결 등과 같은 방식으로 상대방보다 월등한 에너지를 고속으로 동원하여 기존 제국을 무너뜨리고 제국의 새로운 주인이 되곤 했다. 몽골이 동쪽으로 중화제국을 정복한 것이나 서쪽으로 넓은 칸제국을 설립한 것, 게르만이 로마제국을 정복한 것이나, 오스만튀르크가 동로마제국을 무너뜨린 것은 모두 전쟁 시 사용되는 에너지의 총량에서 상대방을 제압한 사례이다.

이렇게 자연지리에 영향을 받는 전근대의 시기에는 국가나 부족 간 무력경쟁으로 더 좋은 지리를 확보하는 게 먹고사는 생존의 문제를 해결하였다. 지정학적 '전근대 무력질서'가 바로 국제질서였다. 이 국제질서에서는 식량과 무기, 전략 면에서 강력한 에너지를 동원할 수 있는 강대국이 풍요롭게 생존할 수 있었다. 즉 전근대 무력질서의 강대국은 좋은 자연지리를 확보하고, 거기서 풍부한 식량과 보급의 문제를 해결하고, 선진적인 무기체계와 전략을 가진 국가를 의미한다. 대개 이러한 국가들이 대륙의 제국이 되었다.

중원의 유목세력은 자연지리적 조건에서는 대륙의 농업제국에 비해 매우 열등하였지만, 몇 가지 중요한 에너지원을 확보하고 있었다. 평소에는 유목 생활을 하면서 그런대로 생존을 유지할 수 있었지만, 기후변화가 발생하여 더 이상 정상적인 목축이 어려워지고 그나마 있었던 곡물 생산이 이루어지지 않게 되면, 식량이 풍부하고 생활조건이 좋은 지역으로 이동할 수밖에 없었다. 그런데 유목세력은 말이라는 대단히 강력한 에너지원과 말을 타고 화살을 쏘면서 전투를 할 수 있는 능력, 즉 보병보다 훨씬 빠르고 강력한 에너지를 동원할 수 있는 무기체계가 있었기 때문에, 이동하면서 기존 정주세력을 정복할 수 있었다.

말은 초원을 따라 이동하니 말의 식량은 자연에서 해결할 수 있었고, 군과 부족의 식량은 정주세력을 정복하면서 그들의 것을 약탈·확보·연계하는 방법으로 해결하면서 강대한 대륙의 농업제국을 향한 공격까지 시도하곤 했다. 이렇게 기존 제국을 정복한 유목민족의 제국이 몽골제국, 오스만튀르크 제국, 무굴제국, 중국의 원·청제국 등이다.

그래서 후일 소위 지정학geopolitics이라는 학문을 발전시킨 유럽의 학자들이 정주제국을 수차례 공격하여 정복하곤 했던 중원의 유목세력을 제압하는 국가가 세계를 제압한다는 소위 허트랜드Heartland Theory 이론을 개발했다. 그러나 이것은 농업제국과 유목세력 간의 생존경쟁이 국제정치의 핵심이었던 전근대 시대의 현상과 역사를 이론화한 것이어서, 이를 근대인 20세기 이후의 지정학으로까지 발전시킨 것은 매우 몰역사적인 시도라 할 수 있다. 즉 유목세력이 더는 에너지 동원 면에서 산업국가보다 훨씬 못 미치는 근대 산업사회에는 적용될 수 없는 몰역사적 지정학 이론이다. 아직도 허트랜드 이론을 거론하는 사람들은 시대착오적인 사고에 갇혀 있다고 하겠다.

사실 지리학계에서는 20세기 초에 영국과 독일이 제국주의를 정당화하기 위해 이 이론을 개발했다는 비판을 이미 제기한 바 있다. 우리가 알고 있는 약육강식의 국제정치 이론 즉, 현실주의 국제정치 이론Realism은 이러한 전근대 시기의 자연지리를 중심으로 하는 지정학geopolitics(지리정치학)을 국제정치 이론으로 일반화한 매우 특수한 국제정치 이론이라고 할 수 있다.[6]

이러한 배경에서 볼 때, 전근대 국제질서의 강대국은 지리적 요인에 의해서 좌우되는 경향성이 있다. 좋은 지리적 조건을 가진 국가가 강대국이 되고, 그 강대국 지위를 지키기 위하여 폭력 혹은 무력에 의존했다. 그리고 지리적 조건이 안 좋은 국가는 강대국을 공격하여 스스로 강대국의 주인이 되거나, 아니면 기존 강대국에 패퇴하는 운명을 갖게 된다. 이러한 전근대 무력 국제질서가 지정학적 강대국을 요구하고, 그 강대국은 무력을 키워서 그러한 지정학적 무력 질서에 적응하는 상호구조화structuration가 이루어졌던 것이다.

한편, 자연지리적으로 비옥한 영토와 좋은 기후를 갖지 못한 국가 중에 바다에 인접한 국가들이 원거리 교역을 통하여 부를 축적한 경우가 있다. 이들은 대륙의 부유한 제국에게 귀한 특산품 즉 향신료, 비단, 차, 도자기, 금, 은 등을 원거리에서 가져와 차익을 남기면서 부를 축적할 수 있었는데, 원거리 항해라는 모험을 택한 유럽의 몇몇 통상국가들이 이러한 원거리 교역으로 강대국이 될 수 있었다.

대표적인 원거리 교역 국가는 포르투갈, 스페인, 네덜란드, 영국 등인데, 이들은 대륙의 제국과는 달리 중앙집권적인 제국이 아니라 상업세력과 왕실이 협력하여 인도, 동남아시아, 신대륙 등지의 해상 교역 거점과 특산품 생산지를 잇고 교역하고 때로는 강탈하는 비교적 '자유주의적' 해양제국을 건설하였다. 이때 상업세력과 왕실이 합작하여 해외에 진출한 회사가 네덜란드와 영국의 '동인도회사'이다. 해양 교역을 통하여 부국이 되기 위해서는 교역 시스템과 해군력을 강화해야 했고, 안정적인 교역이 중요하였는데, 이들이 후일 자본주의 세계 시장질서인 자유주의 국제질서의 중심 세력으로 발전했다.[7]

이들 해양제국은 대륙제국에 의해 지상 교역로가 막히자 바닷길을 통하여 대체 교역로를 확보한 유럽의 주변 세력이었지만, 교역을 통해 막대한 부를 획득하면서 강대국으로 성장한다. 하지만 산업혁명 이전까지는 이들을 중심으로 하여 제도화된 국제교역질서가 만들어지지는 않았다. 이들은 아직 '폭력적 지정학 질서'의 일부였을 뿐이다.

현 자유주의 세력인 유럽과 미국의 국제정치학자들이 패권국가의 부침을 다루는 세계사와 국제정치 이론을 기술할 때, 유난히 이들 해양제국을 중심으로 기술하는 경향이 있는데, 이는 동시대의 대륙의 강력한 제국을 배제한, 서유럽 해양제국 중심의 매우 편향된 역사와 이론이라 할 수 있다. 포르투갈, 스페인, 네덜란드, 영국 등으로 패권이 이전할 때, 이미 대륙에는 이들 못지않은, 이들보다 강대한 로마제국, 오스만제국, 중화제국, 인도제국, 오스트리아-헝가리제국, 러시아제국 등이 존재하고 있었는데, 이들 대륙제국에 대한 기술을 배제하고 해양제국 중심의 역사와 이론을 개발한 것이라고 할 수 있다.[8]

02
자본주의 산업화와 근대 국제질서

전근대에서 근대로 넘어가는 계기는 '자본주의 산업화'이다. 전근대에서 근대로 넘어가는 시점에 대해서는 갑론을박이 있지만, 전근대와 근대를 구분하는 기준이 자본주의 산업화라는 사실에는 큰 이견이 없다. 자본주의 산업화와 병행하여 탈종교와 과학적 사고, 합리성, 법치주의, 자유와 인권 같은 보편가치의 중요성 등이 강조되고 있는데, 이들은 사실 자본주의 시장이 제대로 발전하는 데 필수품 같은 것들이라고 해도 무방하다.

과학이 있어야 산업이 발전하고, 합리적인 경제활동을 해야 자본주의 시장이 제대로 돌아가고, 자본주의 시장경제를 받쳐주는 법이 있어야 안정적으로 경제가 돌아간다. 자유와 인권 같은 보편가치를 보장해주어야 자본가 및 개인이라는 자본과 노동을 보호할 수 있다. 그래야 자본주의가 안정적으로 오래갈 수 있다. 즉 근대는 농업경제에 의존한 전근대 신분질서가 무너지고, 농업을 포함 제조업, 서비스업 등 다수 산업이 등장하여, 그 산업에서 생산되는 상품이 자유시장에서 자유롭게 거래되는, 매우 다른 먹고사는 방식의 탄생을 의미한다.[9]

농업과 신분제만이 거의 유일한 먹고사는 방식이던 전근대에서 산업화와 시장을 통해 먹고사는 문제를 해결하는 근대로 전환하면서, 국내질서와 국제질서 역시 급격하게 변화했다. 산업, 상품, 자본, 투자, 노동시장, 경쟁력 등과 같은 용어는 전근대 시대에는 존재하지 않았다. 하지만 지금은 이런 용어들을 모르면 생활 자체를 할 수 없는 시대가 되었다. 모두가 특정 산업에서 직업을 가지고 시장에서 돈을 벌며 그 돈으로 생필품을 구입하여 먹고사는 문제를 해결한다. 내가 농사를 지어 그걸로 세 끼를 책임지는 전근대가 아니다.

그런데 이 산업화와 자본주의 시장이야말로 국가의 힘, 즉 에너지를 동원하고 유지하고 필요할 때 집중적으로 사용하는 국가 역량에 혁신적인 변화를 가져온다. 땅과 농업과 인간 및 동물, 간단한 무기체계의 에너지에 주로 의존했던 전근대 국가의 힘은 새로운 방식의 에너지를 만들고 동원하고 유지하는 근대 국가의 힘에 압도되고 만다.

산업혁명은 에너지혁명이기도 하다. 석탄과 석유, 증기기관, 내연기관에서 나오는 에너지는 마력horse power이라는 단위로 환산될 정도로 전근대 시대의 에너지와는 비교가 안 되는 강력한 에너지를 순식간에 동원하고 유지하고 체계화할 수 있다. 산업화 시대에는 인구나 비옥한 영토의 크기와 상관없이 사람이 기계를 활용하고, 때로는 기계가 사람을 대체하면서 거대한 에너지를 만들고 유지하는 것이 가능해졌다. 또한, 이전 유목세력과 달리 기후조건과 상관없이 시장에서 생필품과 식량을 비롯한 모든 것을 살 수 있게 되었기에 굳이 기후변화에 따라 민족의 대이동을 할 필요도 없다. 안정된 시장으로의 접근성이 확보되면 어떤 기후조건에서도 생존 가능하다.

근대에 들어와 석탄과 석유라는 에너지원과 과학에 의해 발명된 기계의 조합은 인간의 노동력이나 동물의 힘과는 비교가 되지 않는 가공할 만한 힘, 즉 에너지를 만들어냈다. 따라서 이러한 화석연료(처음에는 석탄)와 철을 확보하고, 기계화·산업화를 통하여 시장에서 막대한 부를 창출한 국가가 이제 강대국으로 등장하게 되었다. 산업화에 성공한 국가들은 식량 등 농산물은 자유시장에서 싸게 수입하고, 부가가치가 높은 산업제품 등을 수출하여 부국·강국이 되었다. 비옥한 농토와 큰 인구 규모보다는 자원과 산업화와 자본주의 시장이 강대국으로 가는 길이 된 것이다. 대표적인 예가 바로 영국이다.

광대한 대륙의 제국에 전혀 비견될 수 없었던 조그마한 섬나라

영국이 강대국으로 부상하게 된 계기는 산업혁명이다. 석탄과 철이 풍부한 영국은 과학을 적용한 방적기계로 면직산업을 제패하고, 철도와 기차로 전 국토를 연결하여 전국 단위의 시장을 만들었다. 도시에서는 고부가가치 상품을 생산하고, 토지 가격이 싼 농촌 지방에서는 곡물을 생산하여 시장에서 교환하는 자본주의 시장경제를 출범시켰다. 그리고 증기기관과 철도를 통하여 바다와 육로를 더욱 넓게 열어 해외시장을 만들었다.

고부가가치 상품에 경쟁력이 강한 영국은 고부가가치 상품을 해외에 팔고, 값싼 농산물을 수입하는 자유무역을 추구하여 국가의 부를 늘려나가는 한편 국민에게 필요한 다양한 일상의 에너지를 공급할 수 있게 되었다. 그 당시 영국의 일반 국민은 전근대 귀족보다 더 풍부한 수준의 에너지 소비를 할 수 있게 되었다.

물론 초기 공장 노동자, 어린이, 여성들에 대한 착취로 인하여 인권문제가 생기고, 빈부격차도 커지며, 열악한 조건에서 사는 노동자들이 생겨났지만, 국가 전체가 생산하고 공급하고 유지하고 동원할 수 있는 에너지의 양은 전근대의 어떤 제국과도 비교가 되지 않는 수준으로 증가하였다. 로마 군단도 총과 대포와 기계화된 근대 국가의 군대에 상대가 될 수 없다.

이제 오스만제국이나 중화제국과 같은 과거 농업 기반 강대국은 산업화된 강대국에 의해 대체되고, 국제질서는 자본주의 시장질서로 급속도로 변화하게 된다. 초기에는 석탄 및 철강과 같은 자원이 중요하였기에, 이러한 자원이 많은 지역을 확보하기 위한 무력경쟁이 빈번하였다. 이것이 근대에 들어와서도 지정학적 갈등이 일정 기간 계속된 주원인이었다. 하지만 후일에는 이러한 자원도 모두 시장에서 교환됨으로써, 즉 범용시장generalized market이 등장함으로써 자원을 둘러싼 지정학적 무력충돌은 시장에서의 상품과 경쟁력 경쟁으로 변했다. 이제 국제정치와 역사의 주인공은 전근대 시대의 '군인'에서 근대 시대의 '산업가', '자본가'로 넘어갔다.

03
자유주의 세계시장질서

자유주의 국제질서는, 국제질서가 자본주의 세계시장질서와 동일시되는 새로운 시대의 국제질서이다.[10] 인간과 국가가 먹고사는 문제를 해결하기 위하여 주로 농업과 자연지리에 의존하던 전근대 국제질서는 전환기 제국주의 시대를 거쳐, 모든 것을 국내시장과 국제시장이 결합된 자본주의 세계 범용시장에서 해결하는 '자유주의 국제질서'로 진화한다. 대부분의 국가가 합의한 규범과 규칙, 즉 다자주의multilateralism를 통하여 하나의 국제시장이 형성되면서 본격적으로 '국제사회'가 등장하였고, 이 국제사회의 질서를 규칙·규범 기반 국제질서Rules-based International Order라고도 부른다.[11]

이 자유주의 국제질서는 1945년 2차 대전의 종결과 함께 자본주의 산업국가, 특히 미국을 중심으로 본격적으로 시작되었다. 미국은 세계를 하나의 시장으로 묶고, 그 시장을 뒷받침하는 법과 제도, 규범을 만들고, 세계시장을 안정적으로 유지하는 '제도화된' 군사동맹을 출범시켰다. 자본주의 산업국가였던 유럽의 선진국과 일본은 이러한 세계시장질서에 동의하면서 미국과 함께 자유주의 국제질서를 만들어나갔는데, 그 핵심 국가들이 모여 있는 곳이 G7(Group of 7)과 OECD이다.

이전 국제질서에서는 국제시장과 군사동맹이 주로 양자관계 bilateral relations를 중심으로 만들어졌고, 그 관계가 각국의 국내 사정에 따라 수시로 바뀔 수 있었다고 한다면, 자유주의 국제질서의 시대에는 국제시장과 군사동맹이 다자관계 multilateral relations로 제도화되었다. 따라서 자유주의 국제질서를 묶는 원칙은 다자주의 multilateralims이고, 이 다자주의는 하나의 국제질서에 참여하는 모든 국가가 법과 규범, 원칙, 의사결정 과정을 존중한다는 의미이다. 그래서 자유주의 국제질서를 규칙·규범·법 기반 국제질서 rules-based international order라고도 부르는데, 여기서 말하는 규범·법은 다자적 규범과 법을 지칭한다. 다자적 규범·법·제도에 의해 하나의 세계시장으로 묶여 자유주의 국제질서가 형성되며, 이 세계시장의 안정을 위해 국제치안을 담당하는 군사력이 바로 미국을 중심으로 다자주의로 제도화된 군사동맹이다.

예를 들어 유럽의 NATO(북대서양조약기구)는 다자적으로 제도화된 군사동맹이며 유럽지역과 그 시장의 안정에 기여하는 국제치안의 군사력이다. 아시아에서는 미국을 정점으로 하여 한국과 일본 등이 제도적으로 묶인 한미동맹·미일동맹이라는 군사동맹이 만들어졌으며, 이들은 동아시아와 그 시장 안정을 도모한다. 이 외의 지역에도 역시 미국을 중심으로 하여 그 지역의 안정, 즉 시장의 안정을 도모하는 제도화된 군사동맹이 여럿 존재한다. 이러한 '제도화된' 다자 군사동맹은 2차 대전 종전 이후 역사상 처음으로 등장하였고, 그 제도화된 동맹과 제도화된 시장이 다자주의를 중심으로 하여 같이 묶여 있는 것이 자유주의 국제질서이다.

냉전 기간에는 사회주의 질서라는 또 다른 거대한 국제질서가 잠시 존재하였는데 1980년대 후반부터 이 질서는 효용을 다하여 무너지고 전 세계가 자본주의 산업화 프로젝트인 자유주의 국제질서의 휘하로 들어오는 이른바 '세계화' 혹은 프란시스 후쿠야마가 주장한 '역사의 종언'이 시작되었다.[12] 이때 사회주의 국가는 냉전에서 패배하면서 국가의 영토가 자본주의 국가에 의해 점령당한 것이 아니라 자본주의 시장경제로 체제만 바뀌었을 뿐이다. 바야흐로 전 세계가 하나의 자본주의 세계시장으로 묶인 자유주의 국제질서 시대로 돌입했다. 이 질서에 중국도 들어왔고, 러시아도 들어왔으며, 베트남도 들어오면서 대부분의 거대 사회주의 국가가 자본주의 시장으로 변모했다. 반면 북한, 쿠바, 중동 일부 등이 자유주의 국제질서의 역외국가, 즉 불량국가rogue state라는 범주로 남아서 자본주의 시장화의 최후의 미개척지로 남아 있다. 이들 국가를 자유주의 국제질서로 끌어들이기 위해서 자유시장 선진국들이 제재도 가하고 포용engagement도 하는 것이 지금의 국제질서이다.

자유주의 국제질서의 강대국은 국제시장에서 경쟁력을 갖는 국가들이다. 대한민국 역사가 가장 좋은 사례다. 지금의 대한민국은 우리 민족 역사상 가장 부강한 나라이다. 경제는 세계 10위권이고, 군사력은 세계 6위권이다. 그리고 기술력, 인적자원, 문화력 등은 세계 어디에 내놓아도 손색이 없다. 그런데 우리 민족이 이렇게 잘살게 된 것은 우리 자체의 실력과 노력도 중요했지만, 그 실력과 노력을 발휘할 기회의 장, 기회의 국제질서를 만날 수 있었기 때문이다. 대한민국의 성공 스토리를 보면 그 기회의 장이 있느냐 없느냐에 따라 나라의 명운이 갈림을 알 수 있다. 대한민국에 기회의 장은 20세기 중후반, 즉 자유주의 국제질서의 시대에 열렸다.

우리나라는 자연지리가 중요한 전근대 지정학 시대에는 중국이라는 거대한 제국 밑에서 약소국으로 조공을 바치며 살았고 제국주의 질서에는 일본의 식민지가 되었다. 감히 말하건대, 우리가 알고 있는 우리 민족의 역사에서 지금 외에는 우리 민족이 세계의 인정을 받으면서 풍요롭게 산 시대는 단 한 번도 없었다. 그리고 그 이유는 우리가 처했던 외부환경, 즉 국제질서에서 찾을 수 있다.

먹고사는 데 자연지리가 결정적인 지정학적 폭력질서의 시대에는 척박한 땅을 가진 우리 민족이 강대국이 될 방법이 없었다. 풍부한 식량과 거기서 나오는 에너지가 없었기 때문이다. 그냥 보릿고개를 넘기면서 백성들 대부분이 겨우겨우 생존해왔다고 할 수 있다. 또한, 유목세력처럼 말을 타며 중원의 평원을 달리는 민족도 아니었기 때문에 제국을 정복할 군사력도 갖추지 못했다. 그저 산이 많은 동쪽 끝의 반도에 갇혀 겨우 나라의 명맥을 유지했을 뿐이다. 왕이 되려고 해도 중국이라는 제국 황제의 허가를 받아야 했던 것만 보아도 중국과 우리나라 간 상하관계를 쉽게 알 수 있다. 왕조는 유지하되 중국제국에 충성하는 사대주의 외교를 할 수밖에 없었다.

산업혁명에 이은 제국주의 국제질서의 시대에는 불행하게도 우리가 근대화에 뒤진 중국이라는 전근대 제국질서 안에 들어 있었기 때문에, 중국 영향권에서 벗어나 자체적으로 근대화를 재빠르게 할 수 있는 여건이 부족했다. 근대화세력은 약했고 수구세력은 강했으며 또한 그들은 시대를 읽지 못했다. 그래서 중국이라는 전근대 제국의 밑에 있다가 후에 일본이라는 근대 제국의 밑으로 들어갔다.

제국주의 시대가 끝나고, 2차 대전 종전 후 서방을 중심으로 자유주의 국제질서가 형성되면서, 대한민국은 다행스럽게도 자유롭고 개방된 국제시장을 이용할 수 있는 완전히 새로운 국제환경으로 들어갔다. 이제 우리 민족은 자연지리의 척박함을 국제시장을 통하여 극복할 새로운 기회의 장을 갖게 되었다. 국가의 경제개발제도가 근대화되고, 인적자원이 개발되고, 기업과 기업가가 육성되어 국제시장에서 우리의 비교우위에 맞게 상품 수출을 하면, 이전 국제질서에서와 달리 우리도 풍부한 부와 에너지를 가질 수 있게 되었다. 국제시장의 유무에 따라 우리의 운명이 갈린 것이다. 이전에는 국제시장 대신 중국제국이 있었고, 또 일본제국이 있었지만, 이제는 내적으로 자본주의 근대화를 잘 이루면 외적으로 자본주의 시장을 잘 활용할 수 있는 새로운 환경이 도래한 것이다.[13]

물론 자유주의 국제질서가 형성된다고 해서 약소국이 모두 부강해진다는 보장은 없다. 자유주의 국제질서가 부강한 국가의 필요조건이라면, 자체적 근대화 노력, 즉 국가주도 경제개발전략은 충분조건이다. 일본·한국·대만·싱가포르와 같이 근대화를 끌고 갈 수 있었던 개도국은 자유주의 국제시장질서를 활용하여 부국으로 성장했다. 중국이 세계 2위의 강국이 된 비결도 같은 이유다. 중국은 일본·한국과 같은 근대화전략을 따라서 지금의 강국이 되었다.

폭력과 전쟁을 통하여 강대국의 지위를 얻고 지키는 전근대 국제질서는 이제 사라지고, 시장에서의 경쟁력을 통하여 강대국의 지위를 얻고 지키는 시대로 바뀌었다. 자본주의 시장에서는 끊임없는 혁신이 일어나며 새로운 선도산업이 만들어진다. 이 선도산업에서 경쟁력이 있는 국가가 자유주의 국제질서의 부강한 국가이고, 계속 만들어지는 혁신과 선도산업에서 경쟁력을 유지하는 국가가 강대국의 지위를 유지한다.

아르헨티나는 20세기 초반 농업과 축산업에서 세계적인 경쟁력을 자랑하며 세계 5위 안에 드는 강대국이었다. 그러나 그 이후 새로운 산업으로 경제적인 업그레이드를 하지 못하여 지금은 강대국의 반열에서 멀어졌다. 영국은 면, 의류, 석탄, 철강, 철도 등 산업화 초기의 선도산업에서 세계 최고의 경쟁력을 발휘하여 굴지의 제국이 되었다. 하지만 지금은 새로운 혁신 산업인 IT와 AI(인공지능)에서 미국과 중국에 뒤지면서 옛날과 같은 영광을 누리지 못하고 있다.

대한민국이 앞으로 더 강하고, 더 크고, 더 풍요로운 국가가 되려면 국제질서가 어떠한 방향으로 진화하고 변화해가는지를 시대를 앞서가면서 파악하여, 그 질서에 맞는 국가 시스템을 만들어야 한다. 그래서 이 책은 지금 자유주의 국제질서가 진화해가는 방향을 분석하고, 그 질서에 맞는 우리의 대응을 촉구하는 21세기 대한민국 국부론을 목표로 삼았다. 영국이 그러했듯이 국부론은 곧 강대국론이다. 물론 이 책은 경제학에 천착하지는 않았다. 그렇지만 우리가 시장에서 부를 지속해서 창출할 수 있어야 강대국이 될 수 있는 시대를 살고 있다는 점에서 이 책은 국제정치학자의 신국부론, 강대국론이라고 할 수 있겠다.

[2부]

강대국 대한민국 만들기

1장

왜 강대국 대한민국인가?

이 책의 목적은 이제 우리도 강대국이라는 국가 목표를 세워야 할 때가 되었음을 일깨우는 것이다. 지난 세대가 산업화·민주화·세계화의 숙제를 풀어왔듯이, 그래서 지금 세계가 부러워하는 국가를 만들었듯이, 지금 우리의 주류 세대는 강대국이라는 시대적 비전을 공유하고, 반드시 그 비전을 실현해야 한다.

01
제국을 향한 꿈

우리 국민의 꿈속에는 강대국의 열망이 자리 잡고 있다. 국민 전부가 다 그렇다고 말할 수는 없지만, 대한민국도 이제는 강대국이 되어 다른 국가에 휘둘리지 않고 잘살기를 원하는 국민이 대다수인 것은 사실이다. 2023년에 실시한 모든 여론조사에서 한국의 자체 핵무장론을 찬성하는 의견이 과반이며, 심지어는 70% 가까이 나왔다. 이것은 북한 핵에 대응하여 우리도 핵 억지력을 갖겠다는 단순한 생각을 넘어, 이제는 핵을 가진 강대국이 되고 싶다는 열망을 반영했다고 해석할 수 있다. 이러한 정서는 수백 년 이상을 약소국으로 살아온 역사와 힘이 약할 때 주변 강대국에 의해 우리의 운명이 좌지우지된 서러운 경험을 반영하고 있다.

우리는 단 한 번도 실질적 의미의 '제국'을 만들어본 역사와 경험이 없다. 제국이라는 단어가 가지고 있는 부정적인 의미에도 불구하고 "우리가 한 번도 제국 경영을 해본 적이 없어서 지금 외교가 이렇게 한반도와 동북아에만 머물러 있다"라고 말하면 거의 모든 한국인이 수긍한다. 통일을 열망하는 민족주의 세력도 그들이 좌파이든 우파이든, 그 통일 비전의 기저에는 강대국이 되고 싶은 열망이 자리 잡고 있다.

자칭 진보 정부가 내세우는 통일 비전이나 통일경제의 비전도 그 속을 들여다보면 북한으로 경제영토를 넓히고 대륙으로 진출하자는 상당히 제국주의적인 경향성을 읽을 수 있다. 북한의 경제정책을 우리가 만들어주고, 북한의 값싼 노동력을 이용하고, 북한의 자원을 우리가 확보하고, 북한에 철도와 고속도로를 깔아 대륙으로 진출하는 물류 라인을 확보하자고 말한다. 그런데 이런 주장은 19세기 말 제국주의자들이 식민지 건설을 할 때 하던 말과 크게 다른 바 없다. 북한 주민의 인권이나 민주화, 또는 그들의 삶의 질을 향상시키자는 말보다는 웅대한 강대국의 비전이 국민에게 더 어필하기 때문이 아닐까 싶다.

지금 한류가 세계적인 현상이 되어 세계 각지에서 우리 노래가 유행하고, BTS 콘서트를 보기 위하여 전 세계 팬들이 한국에 몰려오고, 우리의 아이돌 스타들이 동남아와 중국을 넘어 유럽·미국·중

남미·아프리카 곳곳에서 구름 같은 팬을 몰고 다니는 현상을 보고 언론에서는 문화영토의 확장이라는 표현을 쓴다. 나도 한류의 세계화에 절대적인 공헌을 한 이수만 씨가 광개토대왕에 비견할 만한 제국을 건설했다고 말한 적이 있다. 그런데 이러한 제국주의적인 표현과 현상에 대해 우리 국민은 거부감을 느끼지 않는다. 오히려 매우 자랑스러워하는 경향이 있다. 이 모든 것은 바로 제국과 같은 강한 국가, 세계적으로 우뚝 솟은 강대국을 한번 가져보고 싶은 꿈의 발현이라고 할 수 있다.

이 책의 목적은 이제 우리도 강대국이라는 국가 목표를 세워야 할 때가 되었음을 일깨우는 것이다. 지난 세대가 산업화·민주화·세계화의 숙제를 풀어왔듯이, 그래서 지금 세계가 부러워하는 국가를 만들었듯이, 지금 우리의 주류 세대는 강대국이라는 시대적 비전을 공유하고, 반드시 그 비전을 실현해야 한다.

우리가 강대국이 되지 못하면 앞으로 중국이나 미국과 같은 강대국 빅테크 기업의 거대 디지털 플랫폼 시장의 하위 경제로 전락하여 급격히 사회의 동력을 상실하게 될 위험이 크기 때문이다.

특히 제국주의적 성향을 지닌 중국 경제권에 편입되어 그들의 하위 경제로 전락하게 되면, 다시금 경제적 속국의 신세로 국가의 운명이 바뀔 수 있다. 물론 제국주의적 세계관을 가진 시진핑 주석의 중국이 어떤 방향으로 어떻게 발전할지 아직 변수가 많이 남아 있으나, 중국이 추진하는 다극질서와 '문명권질서'로 국제질서가 바뀐다면, 강대국이 아닌 대한민국은 중국 경제권의 하위 경제로 편입되어 영원히 강대국의 꿈을 꾸지 못하게 될 가능성이 매우 크다.

02
강대국이 되는 새로운 길

전통적으로 강대국은 커다란 영토와 인구, 그리고 강한 군사력을 가지고 다른 강대국과의 전쟁에서 승리할 수 있는 국가를 의미했다. 일본이 19세기 말에서 20세기 초 강대국의 지위로 올라선 이유는 청일전쟁과 러일전쟁에서 승리했으며 그 이후에도 만주와 동남아시아를 점령해나갈 힘이 있었기 때문이다. 반대로 중국은 일본과 서구 열강의 군사력에 밀려 강대국의 지위에서 급속히 밀려났다. 19세기보다 더 이전으로 역사를 되돌려도, 강대국은 전쟁으로 결정되었음을 알 수 있다. 전쟁의 승리는 제국이라는 거대 국가로 귀결되었고, 국제정치의 역사는 제국의 역사라고 해도 과언이 아닐 정도로 수많은 제국이 20세기 초반까지 전쟁을 통하여 나타났다 사라지곤 하였다.

하지만 20세기 후반부터의 강대국의 모습이 바뀌었다. 제국은 해체되어 주권을 가진 수많은 민족국가로 대체되었다. 세계 최강이라고 할 수 있는 미국이 약소국으로 평가되던 민족국가 베트남과의 오랜 전쟁 끝에 패하였고, 그 전에는 더 약소국이라고 할 수 있는 북한에게도 이기지 못하였다. 강대국 소련도 아프가니스탄에 들어가 수렁 속에서 헤매다가 패퇴하여 나왔고, 미국과 유럽의 강대국 모두 중동에서 이렇다 할 승전보를 전하지 못하고 있다. 하지만 이러한 전쟁의 결과에 따라 이들의 강대국 지위에 변동이 생기지 않았다. 미국과의 전쟁에서 이겼다고 베트남이 강대국으로 올라선 것도 아니고, 북한도 강대국의 지위를 획득하지 못했다. 미국은 여전히 세계 최강이고, 유럽의 강대국들도 여전히 강대국이다.

한편 강대국 클럽이라고 할 수 있는 G-7에 속한 국가 중 커다란 영토와 인구, 그리고 군사력을 모두 다 가진 나라는 드물다. 일본은 헌법에 따라 군사력이 제한되어 있고, 캐나다는 땅은 넓지만, 인구는 우리보다도 적고 군사력 순위도 우리보다 낮다. 이탈리아가 과연 우리나라보다 강대국이라고 할 수 있을지 의문을 갖는 사람이 꽤 있다. 하지만 이들은 여전히 강대국 지위에 올라 있다.

그렇다면 20세기 후반부터는 어떠한 기준으로 강대국을 규정하는가? 그 답은 일견 상식적이다. 시장경쟁력을 갖추고 경제력이 강한 국가가 바로 강대국이다. 그리고 21세기에 들어서서 그 경쟁력과 경제력은 단순히 GDP라는 경제 규모뿐만이 아니라 디지털 기술력, 이른바 4차 산업혁명 테크놀로지에 의해 좌우되는 형국이다. 그 경제력이 국가별로 배분되는 메커니즘도 군사력과 전쟁이 아니라 시장을 따른다.

덩샤오핑에 의해 개혁개방을 막 시작한 20세기 후반의 중국은 아직 강대국이 아니었다. 1990년대 한국을 찾은 중국의 지도자들은 한국에서 좀 더 배우고, 좀 더 투자 유치를 하기 위하여 저자세로 다녔다. 하지만 지금은 자유주의 국제질서가 제공하는 세계시장에 올라타서 급속히 경제력을 키웠고, 순식간에 세계 2위의 경제대국으로 올라섰다. 단순히 경제의 규모만 커진 것이 아니다. 4차 산업혁명 시대의 핵심인 IT, AI, 배터리, 퀀텀 컴퓨팅, 통신 기술 등에서 미국을 바짝 추격하고 있다. 중국에게 한국은 이제 배워야 할 나라가 아니라 흡수할 나라가 되었다. 미국조차 중국으로 가는 주요 기술의 흐름을 끊으려 할 만큼 심각한 위협을 느끼고 있다.

여기서 중요한 점이 있다. 그동안 중국은 다른 강대국과 전쟁을 한 것이 아니다. 단지 시장에서 다른 강대국과의 경쟁을 이겨왔을 뿐이다. 그리고 그것으로 세계 2위의 국가가 되었다. G-7에 있는 국가들은 모두 다 시장 강대국, 기술 강대국, 산업 강대국이다. 이제 강대국이 되는 문법은 전쟁의 승리가 아니라 시장과 기술에서의 승리이다.

03
자유주의 국제질서의 동학과 문법

그렇다면 강대국이 되는 문법이 왜 이렇게 변화하게 되었을까? 앞에서도 설명했듯이, 바로 자유주의 국제질서라는 새로운 국제질서의 등장 때문이다. 이 질서는 과거의 국제질서와는 근본적으로 다른 동학을 가지고 있다.

첫째, 그 동학은 전쟁에 의한 강대국을 허용하지 않는다. 2022년 2월 러시아가 우크라이나를 침공하였지만, 이 전쟁을 통하여 러시아가 더 강해질 가능성은 거의 없다. 이 전쟁이 러시아의 경제력을 순식간에 업그레이드시킬 수도 없으며, 오히려 다른 나라들로부터 집단적 경제제재를 받는다. 푸틴 대통령은 국제정치의 문법이 바뀐 것을 모르고 형해화되어 가는 고대 문법책에 집착하고 있는 셈이다.

둘째, 자유주의 국제질서에서는 지정학이 요구하는 지리라는 요인이 강대국이 되는 데 결정적이지 않다. 물론 자원이 풍부하고, 넓은 곡창지대에서 풍부한 식량을 확보할 수 있으면 좋겠지만, 지금은 그것보다 중요한 것이 훨씬 많다. 주요 산업에서 얼마나 많은 세계적 기업을 보유하고 있는지, 얼마나 많은 독보적인 기술을 가졌는지, 부가가치 높은 제품을 얼마나 많이 보유하고 세계시장에 팔 수 있는지, 얼마나 많은 투자를 유치하는지, 우수한 인적자원을 얼마나 많이 확보하고 있는지, 얼마나 안정된 공급망과 시장을 확보하고 있는지 등 시장에서의 경쟁력이 훨씬 중요하다.

석유와 같은 주요 자원이 풍부하지만, 오히려 '자원의 저주$_{resource\ curse}$'를 받은 국가도 많다. 식량 생산이 풍부하지만 좀처럼 선진국이 못 되는 국가도 많다. 즉 이제 강대국은 자연지리가 아니라 시장이라는 인간이 만든 인공적인 공간 위에서 결정된다. 한국과 같이 인적자원 이외에는 별로 가진 것 없는 나라도 세계 10위권의 경제강국이 될 수 있다. 반면, 같은 인적자원에서 시작한 북한은 자유주의 국제질서와 단절되는 바람에 아직도 빈곤에서 벗어나지 못했다.

셋째, 자유주의 국제질서의 또 다른 문법은 주권 민족국가라는 문법이다. 19세기 이후 전 지구로 퍼져나간 민족주의와 주권의식은 이제 타민족이나 타국가가 다른 민족이나 국가를 전쟁으로 복속시키기 어렵게 만들었다. 전쟁은 종결되지 않고 오히려 하나로 연결된 세계시장에 혼란만을 가져온다. 전쟁으로 얻는 득보다 실이 많은 것이다. 이제 타국을 자국 안으로 복속하는 제국의 건설은 불가능에 가깝다.

넷째, 자유주의 국제질서의 가장 중요한 문법은 윈윈의 경제성장을 가능케 하는 지구 규모의 세계시장의 존재다. 한국은 이 세계시장이 있었기에 좁은 국토와 작은 인구로 기적 같은 경제성장을 할 수 있었다. 이와 동시에 한국의 경제성장이 다른 국가의 경제성장을 방해하지 않았다. 선진국도 같이 성장하였고, 많은 개도국이 같이 성장하였고, 중국도 고도 경제성장을 하였다. 시장에서 모든 것을 구할 수 있는 자유주의 국제질서에서는 굳이 전쟁을 통하여 남의 것을 빼앗을 필요가 없다. 서로가 서로를 필요로 하는 복잡한 글로벌 밸류 체인으로 연결되어 있기 때문이다.

04
대한민국의 지향점

그런데 최근 자유주의 국제질서 문법에도 중요한 변화가 생겨났다. 그건 바로 4차 산업혁명 기술에 의해서 형성되는 디지털 플랫폼 시장이 기존의 오프라인 시장을 급속도로 교체하며 진화시키고 있다는 점이다. 우리가 2019년부터 시작된 코로나 위기를 다른 나라에 비해 비교적 잘 넘긴 이유 중 하나는 대한민국에 디지털 플랫폼 시장이 잘 발달했기 때문이다. 굳이 집을 나서지 않아도 휴대폰과 컴퓨터로 구매하고 배송받는 시스템이 형성되어 있었다.

그런데 4차 산업혁명은 앞으로 더 많은 경제활동을 이 디지털 플랫폼 위에 올려놓게 될 터이다. 5G 통신 이상의 디지털 인프라 위에서 마이크로소프트·구글·애플과 같은 거대 테크 기업들이 폐쇄적 플랫폼을 만들어 인공지능을 포함한 중요한 제품과 서비스를 공급할 것이다. 그러면 이른바 플랫폼의 '네트워크 효과'로 인하여 이들 거대 테크 기업이 플랫폼이 깔린 세계시장을 독점적으로 장악하는 결과가 초래된다. 즉 거대기업은 플랫폼과 표준standard을 선점하여 후발 기업에 대한 진입장벽을 세우는 것이다. 지금 이 전장의 최전선에서 미국과 중국이 경쟁하고 있다. 미국은 어떻게든 기술과 플랫폼 시장을 앞서 장악하여 중국이 미국보다 먼저 사다리를 걷어차지 못하도록 견제를 시작했다. 윈윈의 자유주의 국제질서가 글로벌 플랫폼 간의 제로섬의 질서로 변화할 수도 있다는 얘기다.

그런데 만약 중국이 이 경쟁에서 이기거나 아니면 국제질서의 다극화라는 명분으로 세계시장을 몇 개의 세력권으로 나누어 한국을 자신의 세력권에 편입시키려 한다고 가정해보자. 이는 한국으로서는 악몽과 같은 시나리오다. 어떤 경우든 한국이 중국의 경제적 속국이 되는 길이기 때문이다. 이 길을 막기 위해서는 한국도 플랫폼 시장의 지배력을 갖는 강대국이 되거나, 국제질서의 한 극을 형성할 수 있는 강대국의 지위를 확보하여야 한다. 이것이 한국이 강대국이 되어야만 하는 이유이다.

2장

21세기 강대국의 조건

─────
세계가 하나의 시장으로 연결된 21세기 자유주의 국제질서는 자본주의 시장경제의 최전선에 있는 강대국들이 만든 질서다. 오늘날 강대국 클럽인 G7에 들어 있는 국가들은 모두 자본주의 시장경제가 추동한 근대 국제질서의 선발 및 후발 강자들이며 앞으로도 국제질서를 자국에 유리하게 만들기 위하여 계속 노력할 것이다.

01
국제질서라는 기반이 없다면

한 가지 상상을 해보자. 지금의 아시아 민주주의 3개국 한국·일본·대만이 지금의 모습 그대로 13세기로 시간여행을 한다면 이들의 강력한 군사력과 기술, 지식으로 13세기 세계를 제패할 수 있을까?

이는 강대국과 국제질서와의 관계를 파악하기 위하여 던지는 '사고실험' 질문이다. 앞 장에서 강대국이 되기 위해서는 특정 국제질서 안에서 국가가 그 질서와 어떤 관계 설정을 하느냐가 관건이라는 것을 설명했다. 특정 국제질서가 A라는 형태의 국가를 요구하는데, B나 C와 같은 국가를 지향하면 그 국가는 그 국제질서에서 강대국이 되기 어렵다는 것이다. 예를 들어 19세기 제국주의 시대에서는 지금의 일본처럼 평화헌법과 자위대만을 보유하고 있다면, 제국주의 강대국이 될 수 없는 이치이다.

그럼 사고실험을 시작해보겠다. 한국·일본·대만이 21세기의 현재 모습 그대로 13세기로 시간여행을 한다. 13세기 아시아 대륙에 몽골이 광대한 제국을 세웠고, 이슬람 세력은 중동과 아프리카로 세력을 넓혔으며, 유럽은 중세 봉건시대로 십자군 전쟁이 끝나가는 시기이다. 지금의 한국·일본·대만이 갑자기 이 시기로 떨어진다면 이 3개국은 밝은 미래를 맞이하게 될까?

당장 떠오르는 상식적인 답은 이 3개국이 21세기의 기술력과 군사력으로 전 세계를 제패하리라는 것이다. 아무리 당시 몽골이 강하다 하더라도 말 타고 활 쏘는 수준의 군사력으로는 지금의 가공할 만한 살상 무기 앞에서 꼼짝 못 할 것이고, 발달한 운송수단과 정보화 기술, 정밀 무기로 제국의 수도를 순식간에 초토화하고 황제를 제거할 수 있다고 생각할 것이다. 일견 타당한 답이다.

하지만 조금만 더 생각해보면 문제는 그렇게 간단하지 않다. 당장 한국·일본·대만 수준의 21세기 산업사회를 돌리고 유지할 수 있는 에너지의 확보 문제가 대두된다. 중동에서 수입되는 원유 공급이 끊겨서 비축분을 사용하여야 하는데, 얼마나 버틸 수 있을지 알 수 없다. 원자력 발전도 모든 에너지를 충당할 만큼의 원자력 발전소가 지어진 것도 아니고, 며칠 안으로 내연기관이나 교통수단은 최소한으로 운용되거나 멈추어야 한다. 아무리 무기가 많고 기술력이 뛰어나도 에너지가 바닥나면 군사력도 무용지물이다. 몽골제국의 수도를 점령한다 하더라도 다시 본국으로 귀환할 에너지 확보가 가능할지 모르겠다.

게다가 수출과 수입에 의존하는 경제 부문은 큰 혼란에 빠진다. 21세기의 복잡한 글로벌 가치사슬이 순식간에 끊기기 때문에 이를 다시 한국·대만·일본만으로 빠르게 재조정할 수 있을지 미지수이다. 당장 반도체나 배터리에 들어가는 부품과 희토류가 동이 나고 더 이상 구하지 못할 것이고, 중국이나 동남아시아 등지에 공장과 물류 인프라도 다시 세워야 한다. 전혀 다른 경제와 사회 구조이며 또 그 수준이 한참 뒤떨어진 13세기의 중국과 동남아시아에 현대적인 자재와 자원과 인력을 대거 투입하여 빠른 시일에 공장과 물류 인프라를 구축할 수 있을지 알 수 없다. 증권시장은 무너지고, 시민들은 시장에서 사재기에 들어가고, 갑자기 직장을 잃은 사람들은 거리로 뛰어나올 것이다. 식량 공급도 원활치 않아 커다란 혼돈의 소용돌이에 빠져든다. 세계 제패가 눈앞에 보였는데, 그 꿈은 서서히 사라지고 이제는 내부 붕괴의 시나리오가 그려진다. 잘못하다가는 국민 대다수가 다시 농사를 짓고 어업에 뛰어들어야 할지 모른다. 자급자족 경제로 돌아가야 할 수도 있는 상황이다.

하지만 한국·일본·대만은 그 정도로 쉽게 무너질 국가는 아니다. 시간 싸움이 변수이지만 충분한 대응능력이 있다. 우선은 비상계엄을 선포할 것이다. 3개국 지도자들은 극도의 혼란에 빠지기 전에 질서를 잡고, 어떤 일이 벌어졌는지 상황 파악을 할 것이다. 신속히 정보를 수집하고 분석한 후 3개국이 공조체제를 수립한다. 3국은 가칭 G3라는 협의체를 구성하고, 당장 급한 글로벌 공급망을 확보하는 계획을 수립할 것이다. 13세기 역사에 밝은 역사학자, 지질 구조와 자원 분포를 잘 아는 지질학자와 지리학자, 당시 언어를 해석할 수 있는 언어학자, 의료 대응을 위한 생물학자와 의사들을 소집하고, 지리적으로 가까운 곳에서부터 3개국이 협력하여 공급망 구축을 시작할 것이다. 13세기는 나름대로 군사력이 강한 제국들이 아시아와 중동을 장악하고 있던 시기이기 때문에 공동 군사작전 계획도 세울 것이다.

협의가 끝나면 계획에 따라 군사작전을 수행하고, 그 뒤를 따라서 기업과 전문가, 행정가들이 들어갈 것이다. 원유 확보를 위하여 중동지역의 이슬람제국을 제압하고, 매장량이 풍부한 지역에 들어가 원유를 뽑아 올리는 시설, 정제시설, 운송시설을 재빠르게 구축하고 이곳의 치안을 확보한 후 중동지역을 안정시키기 위하여 잠정적으로 현지에서 식민지와 유사한 형태의 통치를 시작한다. 그 과정에서 이러한 사업을 통하여 이득을 보는 기업이 생기고, 현지에 진출하여 이익을 보는 사업가들 역시 나타날 것이다. 중동지역에 근대적 형태의 통치기구가 만들어지고, 근대적인 교육 시스템, 근대적인 노동력, 근대적인 인프라가 구축되기 시작하는데, 이에 필요한 인력과 자원이 대거 중동으로 진출한다.

서서히 이 지역뿐만 아니라 지리적으로 근접한 아시아에 서로 통상이 가능한 근대 주권국가와 유사한 국가를 건설하고, 그 국가와 한국·일본·대만을 연결한다. 문명이 13세기에서 순식간에 21세기로 퀀텀 점프를 한다. 동아시아 3개국이 단기간에 새로운 21세기 세계질서를 만들기 시작했기 때문이다.

이제 안보를 확보하기 위하여 몽골제국과 이슬람제국과의 전쟁에 대비해야 한다. 물론 압도적인 군사력 우위로 이들을 제압할 수 있으나, 대규모 살상을 피하기 위하여(노동력 확보와 소비시장 보호를 위해서라도), 군사작전과 소프트 파워를 병행해야 한다. 이들 지역에서 근대적인 교육을 받은 행정인력과 노동력, 기업가 등을 만들려면 수십 년의 시간이 걸리겠지만, 그래야 한국·대만·일본과 연결되는 공급망과 수출·수입시장이 만들어져 다시 예전과 같이 경제가 돌아갈 수 있다. 한국·일본·대만은 서로 전쟁하며 싸우기보다는 함께 연합하여 '안정화 동맹'을 제도화할 것이다. 이 상황에서는 한국과 일본의 동맹협상이 매우 자연스럽게 진행될 것이다.

이 사고실험을 요약한다면, 공급망과 시장을 만들기 위하여 점령지역에 근대화를 이루어내고 국제적인 인프라를 구축하는 것이 3개국의 공통 목표가 된다. 19세기 제국주의를 매우 세련되게 재현하는 셈이다. 그 이유는 단순하다. 13세기로 시간여행을 한 새로운 강대국인 아시아 3국이 자신들의 경제 및 사회 구조가 잘 돌아가고 발전할 수 있도록 새롭게 국제질서를 만들어야 하기 때문이다. 다른 지역에 통상이 가능한 근대 국가 체제를 확립하고 그들과 조약·계약으로 연결되는 공급망·시장을 확보하면서 지금과 같은 자유주의 국제질서를 만드는 과정이 필요하다.[14] 그리고 그 공급망과 시장의 안정을 위하여 3개국은 안보동맹을 맺어 군사력을 투사한다. 이 모든 일이 비축분이 바닥나기 전에 이루어지지 않으면 21세기의 아시아 3개국은 오히려 13세기 전근대 국가로 퇴보할 것이다.

공상과학영화와 같은 이러한 사고실험이 우리에게 알려주는 강대국에 대한 이론적 시사점이 있다. 지금의 자유주의 국제질서는 20세기의 강대국들이 위와 같은 생각으로 자신들의 경제와 사회구조에 유리한 방향으로 만들어낸 국제질서라는 점이다. 그리고 그 강대국들이 이러한 국제질서에 조응하는 상호 유사한 근대 국가 시스템을 만들어냈다는 것이다.

세계가 하나의 시장으로 연결된 21세기 자유주의 국제질서는 자본주의 시장경제의 최전선에 있는 강대국들이 만든 질서다. 오늘날 강대국 클럽인 G7에 들어 있는 국가들은 모두 자본주의 시장경제가 추동한 근대 국제질서의 선발 및 후발 강자들이며 앞으로도 국제질서를 자국에 유리하게 만들기 위하여 계속 노력할 것이다. 이렇게 지금의 국제질서는 13세기의 국제질서와 전혀 다르게 진화하였다는 것을 알 수 있다. 즉 국제질서는 무정부 상태라는 국제적 백지 위에 인간과 국가가 더 나은, 더 풍요로운 사회를 계획하고 구축하기 위하여 창의적으로 개척하고 개발하는 질서이다. 같은 무정부 상태이지만 산업혁명이라는 역사적 특이점을 지나면서 국제질서의 내용과 성격, 동학이 전혀 다르게 진화하였다.

02
민간부문과 공공부문의 균형 발전

이제 이들 21세기 강대국들은 어떤 특징이 있는지를 살펴보자. 가장 먼저 떠오르는 이미지는 아마도 세계적인 산업 및 국가 경쟁력일 것이다. 민간부문의 강한 중소기업과 세계적 대기업을 포함한 굴지의 기업들이 이들 국가를 강대국으로 만든다는 것은 이론의 여지가 없다. 20~21세기 자유주의 국제질서의 강대국은 전쟁의 승패로 결정되는 것이 아니라 세계시장에서의 경쟁력과 국가의 경제 규모로 결정된다.

13세기에는 기업도 없었고 자본주의 시장도 존재하지 않았다. 13세기에는 군사력이 강대국의 핵심이었다면 지금은 국가와 기업이 만들어내는 경제력이 핵심이다. 일본과 같이 정규 군대가 없는 나라나 독일·캐나다와 같이 군사력이 눈에 띄지 않는 국가도 시장에서 강하면 강대국으로 인정받을 수 있다. 오히려 군사비는 가급적 줄이려 하고 경제 및 복지 관련 예산을 훨씬 크게 배정한다. 이는 근대적 시장이 존재하지 않았던 과거 전근대 국제질서를 중심으로 개발된 현실주의 국제정치 이론으로는 설명하기 어려운 현상들이다.

그리고 여기서 우리가 간과해서는 안 될 부분이 있다. 민간부문Private이 제대로 작동할 수 있도록 환경과 제도를 만들고, 필요한 다양한 규제를 할 수 있는 '국가 공공부문Public'의 중요성이다. 국가 경쟁력에서 공공부문의 기여도는 정밀한 경제학적 분석이 필요한 연구 영역이지만, 자본주의 역사의 발전과정과 직관에 의존하여 보더라도 공공부문이 과도하게 크거나, 아니면 발전되지 않은 국가는 21세기 강대국에 진입하지 못한다는 것을 알 수 있다. 이를 이해하기 위하여 자본주의 발달사를 잠깐 돌아보기로 한다.

전근대 시대에는 민간과 공공의 뚜렷한 구별 없이 국가나 교회, 길드와 같은 조직이 민간과 공공의 기능을 함께 수행하였다. 하지만 중세 유럽 도시에서 시장이 발달하고 그 규모가 커지면서 시장으로 접근하는 도로 및 운송시설, 치안, 화폐 발행 및 금융제도의 보증, 도량형의 표준화, 재산권 보호 및 분쟁 해결, 관련된 법률적·제도적 정비 등이 필요해졌다. 그래서 이런 기능을 할 수 있도록 공적 조직을 창설하고 이것을 운영할 인력을 확충하며 조세를 걷어야 했다. 후일

근대화가 진전되면서 이런 공공부문의 기능이 떨어져 나와 근대 국가의 주요 기능으로 발전하였다. 자본주의가 더 발달하고 범위가 넓어지면서 공중위생, 근대 교육, 상비군의 창설, 노사관계의 조정, 사회보장 및 다양한 인프라 건설이라는 공공재를 제공하는 공공영역이 확대되어왔다.

따라서 시장이 발전하고 민간영역이 커질수록 공공영역도 자연스럽게 균형과 보조를 맞추어 기능이 강화되어온 것이 근대화의 과정이다. 근대 국제질서에서는 민간과 공공부문이 서로 상승작용을 일으켜 시장경제가 발전해야 경제력과 군사력이 모두 강한 강대국으로 성장할 수 있다.

오늘날 강대국들을 보면 공공부문의 근대화가 일찍부터 시작되어 민간 및 공공의 조화가 잘 이루어진 국가임을 알 수 있다. 또한, 공사 구별이라는 근대화의 철칙을 엄격히 강조한다. 브라질, 멕시코, 인도네시아 등 자연적 조건이 뛰어난 국가임에도 굴지의 강대국이 되지 못한 국가는 민간부문뿐만 아니라 공공부문이 제대로 근대화되지 못하고 엉망이거나 부패했다는 공통점이 있다. 또한, 사회주의 국가의 경우처럼 공공부문만 너무 비대해도 강한 경제력을 갖기 어렵다는 것을 냉전이 증명해주었다.

게다가 요즘 미국과 유럽의 강대국들이 쇠퇴하고 있다는 평가를 받는 이유는-물론 수많은 요인이 있겠지만- 공공부문이 비효율적이고 민간영역을 따라가지 못하기 때문이기도 하다. 더욱이 수많은 이민을 소화할 공공부문의 역량이 안 됨에도 불구하고 이민자를 받아들여 공공부문은 더 망가지게 되었다. 반면 아시아의 선진국들, 특히 한국·일본·대만과 같이 우수 인재들이 민간영역뿐만 아니라 공공영역으로도 진출하는 국가들이 무서운 속도로 서구 국가들을 따라잡은 것을 우연이라고 보기 어렵다. 이른바 아시아의 발전국가developmental state 모델은 우수한 공공부문을 전제로 하는 것이다.[15]

한국은 이러한 공적영역과 민간영역이 서로 상승작용을 하면서 세계적인 경제력을 갖는 국가로 발돋움하였다. 특히 놀라운 것은 자유주의 국제질서의 핵심인 세계시장의 발전 방향과 흐름을 정확히 따라오면서 이제는 G7 국가에 버금가는 경제력을 보유하게 되었다는 점이다. 지금 미국과 유럽, 일본, 그리고 중국 등의 강대국이 그리고 있는 국제질서는 과거와 마찬가지로 그들 국가의 경제력과 체제에 조응하는 세계시장을 만드는 것이다. 그 세계시장은 결국 데이터와 반도체, 인공지능, 인터넷 플랫폼과 IoT(사물인터넷), 에너지의 전기화를 요구하는 환경산업, 바이오 등으로 대표되는 4차 산업혁명 시장이며, 이에 따르는 국제적 규범과 제도가 자국에 유리하도록 국제질서를 설계하고 있다.

한국은 이 국제질서에서 없어서는 안 되는 국가로 이미 강대국 반열에 올라와 있으며, 정치가 공공영역을 무너뜨리지 않고 민간부문의 발목을 잡지 않으면, 명실상부한 강대국으로 정착할 수 있다.

지금 공공부문과 민간부문이 한국만큼 균형 있게 발달되어 있는 G7 국가를 찾아보기 힘들다. 시진핑의 중국이 이제 기울기 시작했다는 '피크 차이나' 논쟁을 불러일으키는 이유가 이념 치중과 공산당의 통제, 중앙 및 지방정부의 과도한 시장 개입 및 중복 투자, 그리고 정경유착 등에 있듯이 민간영역과 공공영역의 균형 파괴는 국가 경쟁력을 좀먹는다.[16]

3장

21세기 강대국은 어떤 힘을 가져야 하나?

우리의 국가 비전은 선진 강대국이어야 한다. 선진국의 문턱을 넘어선 이제 선진 강대국 이외의 국가 비전은 존재하지 않는다. 우리가 선진 강대국이 되기 위해서는 시장에서의 경제력과 지위, 그리고 강한 군사력뿐만이 아니라 세계에 21세기의 미래를 보여주는 소프트 파워 리더십을 갖추어야 한다.

01
소프트 파워와 하드 파워에 대한 오해와 진실

파워의 개념을 설명하면서 소프트 파워와 하드 파워의 구분을 처음 한 학자는 미국의 정치학자 조셉 나이Joseph Nye이다. 그는 1970~1980년대 미국이 군사력과 경제력 같은 하드 파워에서 약해졌지만, 국제적 리더십과 매력이라는 소프트 파워에서는 아직 강고하기 때문에 미국의 패권은 계속될 것이라는 주장을 하였다.[17] 당시에는 하드 파워 중심의 국제정치 이론과 국제정치관이 학계나 정책집단 주류의 시각이었기에 소프트 파워라는 개념에 비관적이거나 비판적인 견해가 팽배했었다. 하지만 지금은 소프트 파워라는 용어가 일반인에게도 생소하지 않을 정도로 널리 받아들여지는 개념이 되었다. 21세기 강대국의 파워를 이해하기 위해서는 그 인식의 변화 이유를 알아야 한다.

조셉 나이의 구분에 의하면 하드 파워는 강제력에 해당하는 힘이고, 소프트 파워는 매력 혹은 자발적으로 나를 따르고 도와주게 만드는 힘이다. 흔히 하드 파워는 군사력과 경제력 등으로 이해되고, 소프트 파워는 문화, 제도, 선진성 등으로 이해된다. 하지만 이러한 구분은 생각같이 명확하지 않다. 하드 파워로 간주되는 군사력이 소프트 파워인 매력으로 다가오는 경우도 있고, 소프트 파워로 구분된 제도나 문화가 하드 파워인 강제력으로 활용되는 경우도 있기 때문이다. 예를 들어 페미니즘 문화를 강제력으로 느끼는 남성들이 있고, 자본주의제도를 폭력으로 느끼는 노동자들도 있다. 미국의 첨단 군사력을 보면서 감동을 하는 사람도 있고, 소위 악한 세력에 경제제재를 하는 선진국을 보면서 매력을 느끼는 경우도 생긴다.

그래서 소프트 파워나 하드 파워는 조셉 나이의 논의보다 훨씬 정교한 이론화가 필요하지만, 이 책에서는 그러한 복잡한 이론적 설명보다는 하드 파워와 소프트 파워라는 이분법을 활용하여 강대국의 파워에 대한 나의 해석을 간략히 소개하고자 한다.[18]

02
에너지와 하드 파워, 소프트 파워

앞에서 소개했듯이 이 책에서는 국가의 힘, 강대국의 강한 힘을 '에너지'라는 시각에서 해석하고 있다. 즉 에너지를 생산하고 동원하고 유지하고 필요시에 집중하는 능력과 제도라는 측면에서 강한 국가와 그렇지 못한 국가를 구분하고 있다. 같은 논리의 연장선에서, 즉 '에너지'의 관점에서 하드 파워와 소프트 파워도 새롭게 해석할 필요가 있다.

힘은 관계성을 전제로 한다. 물론 홀로 있는 사람이 자기 자신에 대해서 힘을 써야 할 때도 있지만, 국가 간 혹은 행위자 간의 관계로 형성된 정치와 국제정치의 영역에서는 그 관계성에서 힘을 어떻게 써야 하는가를 이해할 수 있어야 힘이 제대로 보인다. 오랜 기간 국제정치학의 주류 위치를 차지해온 현실주의 이론에서는 강한 국가, 즉 강대국은 하드 파워인 강제력이 압도적으로 강한 국가이고, 그래서 그 힘을 바탕으로 자신에게 유리한 국가 간 관계를 구축한 것으로 이해되곤 했다. 사실 그 강제력의 원천과 효과는 상대방보다 강한 에너지를 더 많이 생산하고, 더 빨리 더 조직적으로 동원하고, 더 오랜 기간 유지할 수 있는 능력에서 생겨난다. 에너지 생산·동원·유지 능력에서 강한 국가와 약한 국가가 구별되는 것이다.

그래서 이 시각에서 보면 '일반적으로' 하드 파워는 상대방보다 더 많은 에너지를 생산·동원·유지한다는 면에서 이해할 수 있다. 물론 이를 실제로 적용할 때는 다양한 맥락과 국내정치적 변수에 의해서 예외적인 결과들이 발생하기도 한다. 그러나 일반적으로 강대국의 하드 파워는 상대방보다 더 많은 에너지를 생산·동원·유지하고, 더 집중적으로 전장이나 필요한 부문에 에너지를 쏟아부을 수 있는 능력을 의미한다.

하지만 이러한 하드 파워의 문제점은 한 국가의 총 에너지 생산(혹은 잠재적 생산 능력)에서 특정 사안에만 국한하여 불균형적으로 에너지의 생산과 동원, 유지와 집중을 오랜 기간 지속할 수 없다는 것이다. 즉 일상적으로 다른 곳에도 써야 할 에너지를 특정 사안에만 계속 집중하여 사용할 수 없다는 말이다. 만약 그러한 일을 해야 한다면, 아무리 강한 국가라 하더라도 일상적 국가 경제에 필요한 에너지의 상당 부분을 희생해가면서 전쟁과 소요 진압 같은 부문에만 투입하는 에너지 소모와 낭비로 인하여 국력이 쇠퇴할 것이다. 만약 정복할 때의 에너지에 더해 정복한 이후 계속 저항하는 피정복민들을 제압하는 강제력의 에너지가 지속적으로 쓰인다면, 정복의 이득이 제압 에너지의 지속적 사용이라는 손실로 상쇄되거나 오히려 감소한다.

국제정치에서는 19세기부터 식민지와 비유럽 국가에 민족주의가 전파되면서 한 민족이 다른 민족을 식민지화하여 통치하기가 매우 어려워졌다. 자기 영토의 주인의식을 갖는 피지배 민족의 저항을 불러오기 때문이다. 그래서 그 이전의 제국과 달리 19~20세기 제국들은 식민지 정복에 필요한 에너지에 더해 식민지화 이후 저항을 진압하는 에너지 소요 때문에 에너지 손실이 커지고 장기화되었다. 이 계산이 2차 대전 이후 제국들이 식민지를 독립시키게 된 주요 이유 중 하나가 된다. 저항 민족주의라는 새로운 현상 때문에 제국이 하드 파워만으로는 해결할 수 없는 새로운 골칫거리가 생긴 것이다.

03
전근대의 하드 파워와 소프트 파워

과거 민족주의가 부재했던 시대의 제국들 역시 정복되고 복속된 부족의 저항을 진압할 필요가 있었으나, 그들의 저항은 민족주의만큼 막강한 동력에 기반하지 못했기 때문에, 강력한 구심점이 없었다. 그러다 보니 피지배인들은 정복 제국에 서서히 동화되거나, 피지배를 일상으로 받아들이게 되었다. 그래서 과거 제국들은 정복에 투입되는 에너지 이상으로 저항을 진압하는 데 막대한 에너지를 장기간 동원할 필요가 없었다. 이제 여기서 제국, 즉 과거 강대국의 피지배인들에 대한 소프트 파워, 즉 스스로 받아들이게 하는 힘이 무엇일지에 대한 궁금증이 생긴다.

아무리 현실주의가 주류인 전근대 국제정치 세계일지라도 강대국의 통치와 번영은 하드 파워만으로는 가능하지 않다. 제국이 영토를 확장하면서 타 부족을 정복하고 복속하면 더 많은 영토와 노예라는 자원이 생기지만, 이 새로운 자원과 노동력을 매일 강제력만으로 강압하여 활용하면, 제국 역시 정복 이후 계속해서 비정상적인 에너지가 소요되기 때문에 정치·경제적 득실 면에서 큰 이득이 없다. 그래서 제국은 자신의 에너지 사용은 최소화하고 피정복·피지배 세력이 제국을 위해 쓰는 에너지를 최대화하는 방법을 고안하게 된다.

그것이 바로 '문명civilization'이라는 이름으로 제국이 만들어낸 매력과 충성심과 제도와 경외이다. 즉 제국의 문명이라는 '소프트 파워'이다. 지금 우리가 이탈리아·터키·중국과 같은 과거 제국의 도시에 가보면 찬란한 문명을 느낄 수 있는 이유가 바로 당시 로마제국과 오스만제국, 그리고 중화제국이 만들어낸 소프트 파워 때문이다. 일단 정복하면 제국은 지배에 필요한 에너지를 최소화하고 피지배세력의 에너지를 최대로 끌어내는 힘, 즉 소프트 파워가 필요하기 때문에 문명을 만들고 그 문명 안으로 피지배인들을 동화시키고 경외감을 갖게 하고 충성심을 자아낸 것이다.

위에서 국제정치의 힘은 관계성에서 보아야 한다고 하였는데, 에너지와 관계성의 맥락에서 하드 파워와 소프트 파워를 다시 정의하면, 하드 파워는 상대방보다 강력하고 많은 에너지를 일시적으로 생산·동원·유지하는 능력이고, 소프트 파워는 상대방보다 적은 에너지로 상대방이 나를 위하여 많은 에너지를 쓰게 만드는 능력이라고 할 수 있다. 과거 제국들은 문명이라는 것을 만들어서 피지배세력 혹은 피지배계급이 자연스럽게 일상적으로 제국을 위하여 많은 에너지를 생산하고 동원하고 쓸 수 있도록 장치를 마련했다.

민족주의라는 강력한 '분리주의성 동력'이 존재하지 않았던 전근대 시대에는 특정 상징과 상상에 모든 것을 다 바칠 수 있는 '종교'보다 더 강력한 소프트 파워는 존재하지 않았다. 그 때문에 현존하는 제국의 문명들은 '모두' 종교 문명이다. 종교를 중심으로 매력적인 건축물과 예술과 철학과 이론과 스토리를 만들어낸 것이 제국을 중심으로 생겨난 '문명'이다. 이 문명이 바로 제국의 소프트 파워이고, 이 문명이 없었다면, 에너지 생산과 소비의 불균형 문제 때문에 제국은 쉽게 갈라지고 무너지고 사라졌을 것이다. 헌팅턴이 주장한 문명 충돌론처럼, 결국은 기독교와 이슬람교 같은 종교의 충돌로 회귀하는 것은, 문명은 바로 제국이 만든 종교 문명이었기 때문이다.[19]

04
근대의 하드 파워와 소프트 파워

전근대 시대의 제국에게도 문명의 소프트 파워가 매우 중요했음에도 불구하고 국제정치의 주류 이론인 현실주의 이론에서 소프트 파워에 대한 관심이 크지 않았다는 것은 매우 중요한 이론적 결함이다. 특히 민족주의를 무기로 피지배에 대해 저항하는 수많은 국가에 영향력을 발휘하려는 지금의 패권국가나 강대국들에게 강제력이라는 하드 파워만으로 국제정치를 하라고 하면 이는 금방 망하는 비결을 가르치는 것과 다름이 없다. 자유주의 국제질서 속의 지금의 근대 강대국은 세상을 군사력뿐만 아니라 복잡한 가치사슬로 얽힌 자본주의 시장으로 운영하기 때문에 과거 전근대 국제질서보다 훨씬 더 소프트 파워에 대한 수요가 크다.

그럼, 자유주의 국제질서라는 근대 국제질서에서의 강대국 소프트 파워란 무엇일까? 민족주의와 근대적 합리성 때문에 제국의 종교적 문명이 더 이상 강대국의 소프트 파워가 되지 않는 근대 국제질서에서의 소프트 파워는 어디서 찾아야 할까? 그건 바로 종교라는 전근대 소프트 파워가 아닌 법, 과학, 시장, 제도, 인류 보편가치 등과 같은 근대화의 산물에서 찾을 수 있다.

제국이 강대국이었던 전근대 국제질서에서는 전근대적 가치인 종교의 소프트 파워, 즉 종교 문명에서 소프트 파워를 찾을 수 있었으나, 근대화 이후에는 세속화가 이루어지고, 종교보다 과학과 법, 합리성, 개인, 인류 보편가치, 시장 등이 더 중요해지면서 이러한 것들이 갖는 매력이 훨씬 커졌다. 그래서 근대 주권국가는 종교 국가가 아니라 법과 규범, 시장, 인류 보편가치 등으로 운영되는 새로운 성격의 국가로 변모하게 된 것이다.

과학과 합리성에 기초한 법과 제도의 소프트 파워는 이렇게 형성된다. 일단 강대국이나 패권국가가 대다수 국가로부터 과학적이고 합리적이라는 판단과 동의를 얻은 법과 제도를 만들면, 이 법과 제도 속으로 들어온 국가에 대하여 매번 강제력을 사용할 필요가 없어진다. 즉 초기에 법과 제도를 만드는 에너지만 투입하면, 그 이후에는 이를 강제하기 위한 에너지 사용은 최소화된다. 이 법과 제도에 들어온 국가들이 알아서 자신과 강대국을 위하여 에너지를 사용하게 된다.

근대 국제질서에서는 자본주의 시장이라는 윈윈win-win 장치를 중심으로 법과 제도, 규범 등이 만들어졌다. 따라서 강대국이 초기에 만든 법과 제도 속에서 다른 국가가 스스로 알아서 에너지를 쓰게 된다. 그러면 그 에너지의 수혜가 강대국뿐만 아니라 자신에게도 돌아온다는 것이다.

강대국만을 위하여 에너지를 사용한다면, 근대의 세계에서는 그 부당성이 금방 알려지기에 그러한 법과 제도가 정당성을 확보하지 못하여 소프트 파워를 얻지 못한다. 반면 윈윈의 법과 제도를 중심으로 소프트 파워를 얻으면, 강대국은 강제력을 지속적으로 사용하는 에너지의 낭비가 없기 때문에 그 에너지를 시장에서 자국의 번영을 위해 사용할 수 있는 이점이 있다. 그래서 지금의 국제질서를 자유주의 국제질서라고 부르기도 하지만 법·규범 중심의 국제질서 Rules-based International Order라고도 부른다.

이제 근대 국제질서인 자유주의 국제질서의 강대국의 파워에 대해서 정리해보겠다. 근대 국제질서는 다자주의로 묶인 통합된 자본주의 세계시장을 중심으로 만들어진 국제질서이기 때문에, 다자주의를 유지하고 시장을 안정화시키며 시장이 확장되고 진화할 수 있도록 하는 것이 매우 중요하다. 그 과정에서 강대국은 시장과 법, 규범을 자신에게 유리하게 만들려 하고, 동시에 다자적으로 받아들여질 수 있도록 주요 관련국, 당사국, 다른 강대국들과 협상한다. 그래서 강대국의 파워는 세 가지의 차원에서 나오게 되어 있다. 다자주의에서 합의를 끌어낼 수 있는 의제 설정 능력과 협상력, 다자주의 합의를 위반한 국가에 대해 가할 수 있는 제재 능력, 그리고 다자주의로 형성된 시장의 안정을 유지할 수 있는 군사력 투사가 바로 강대국의 힘, 파워이다. 첫 번째 것은 소프트 파워에, 두 번째와 세 번째 것은 하드 파워에 해당한다.

자유주의 국제질서에서 이러한 힘을 발휘한 국가는 압도적으로 미국이었지만, 미국이 이를 혼자서 다 할 수는 없다. 다른 강대국의 협조와 조력이 없으면 다자주의 제도·규범·법을 만들고 유지할 수 없다. 또한, 다른 강대국과 동맹을 제도화하여 군사력을 함께 투사하지 않으면 글로벌 규모의 시장을 안정화시킬 수도 없다. 그래서 미국을 포함한 강대국들이 함께 클럽을 만들고, 그 클럽 안에서 의제를 설정하고 협상하고 협력하고, 자신들이 글로벌 시장을 합리적으로 만들고 유지하는 '책임'을 지게 된다. 그리고 그 과정을 자기들끼리 제도화한다.

G7이 그러한 대표적인 클럽이고, NATO나 한미동맹, 미일동맹과 같은 '제도화된 동맹'이 바로 글로벌 시장 안정화를 위한 군사력 투사의 제도화인 것이다. 강대국이 협의한 법·규범·제도가 다자주의로 글로벌화한 것이 GATT나 WTO와 같은 다자주의 시장제도이고, 이에 더하여 지역 차원에서 자유무역협정$_{FTA}$이 제도를 보완하고

더욱 촘촘하게 만들고 있다. 이러한 제도화된 클럽과 동맹은 전근대의 시대에는 존재하지 않았던 근대의 결과물이다. 다자주의로 형성된 글로벌 시장도 근대적인 현상이다.

한편, 시장은 혁신하고 진화한다. 그래서 그 시장의 미래를 보여주고 만들 수 있는 능력을 가진 국가가 강대국으로서 지도력을 발휘할 수 있다. 즉 자유주의 국제질서의 문명은 '미래'가 만들어낸다. 자유주의 국제질서가 제도화되고 어느 정도 안정화된 21세기에는 그 질서의 미래, 즉 시장의 미래를 보여주고 만들어가는 강대국, 그리고 그 새로운 시장을 다자주의 틀에서 제도화하고 규범화하는 의제 설정 능력과 협상력을 가진 강대국이 소프트 파워를 발휘하게 된다. 그리고 자국의 미래 산업에 유리한 시장이 만들어지고 제도화되면 그 이후에는 시장과 제도에 의해 자동으로 돌아가는 질서가 형성되니 강대국이 불필요한 에너지를 계속 사용할 필요가 없다. 즉 미래를 향한 비전과 지도력, 협상력이 자유주의 국제질서의 강대국 소프트 파워의 핵심이 된다.

이러한 근대 강대국의 파워가 대한민국에게 주는 시사점은, 첫째, 한국도 '강대국 클럽'에 들어가야 하고, 둘째, 그 클럽 안에서 '미래'를 향한 의제 설정과 협상력을 보여주어야 하며, 셋째, 글로벌 시장, 특히 한국이 특별한 이해관계를 갖고 있는 지역과 시장의 안정을 위하여 군사력을 투사할 수 있어야 한다는 것이다. 대한민국은 이미 그러한 인재 풀과 능력을 상당 부분 갖추고 있지만 그걸 쓸 수 있는 비전과 준비, 그리고 의지가 없다. 그래서 대한민국의 국익을 가장 잘 담보해줄 수 있는 자유주의 국제질서에서 다른 강대국과 함께 미래 시장과 제도를 만드는 리더십을 보여주지 못하고 있다.

05
국가 비전의 종착점은 선진국과 강대국뿐

모든 국가 발전은 최종적으로 선진국과 강대국을 목표로 한다. 즉 국가 비전의 마지막 단계는 모두 선진국과 강대국이다. 물론 국가 발전의 중간 단계에서 중진국이나 중견국 등을 목표로 할 수는 있지만, 선진국과 강대국을 향한 국가 비전을 포기할 수는 없다. 국가 비전이 중진국에서 멈추면 더 이상을 향한 발전 의지가 꺾이면서 선진국과 강대국을 목표로 하는 국가들과의 격차가 계속 벌어지기 때문이다. 그 결과는 불행하게도 중진국이 아니라 다시 약소국으로 돌아가는 것이다.

게다가 전쟁도 불사하는 강대국 러시아와 중국 그리고 핵무기를 가진 북한과 이웃하고 있는 우리나라가 적당히 중진국으로 사는 것을 목표로 삼는다면, 나라의 운명을 우리가 아니라 주변 강대국이 결정하는 날이 올 수 있다. 변화하는 세계 속에서 우방 미국이 언제까지 이 지역에 남아 있을지도 확신할 수 없다. "주제 파악하고 그냥 중견국이나 잘하시라"는 조언은 패배주의일 뿐이다. 중화제국 밑에서 조공이나 바치면서 조선으로 사는 것이 속 편하다고 말하는 것과 다름이 없다.

강대국과 선진국의 조건은 시대에 따라 그리고 당대의 국제질서의 성격에 따라 달라진다. 과거 전근대 농업경제 시대에는 로마제국, 페르시아제국, 오스만제국, 중국제국 등과 같은 거대 영토제국이 강대국이고 선진국이었지만, 산업혁명 이후 근대로 들어서면서 산업화에 성공한 영국, 프랑스, 독일, 미국, 일본과 같은 국가가 강대국이자 선진국이 되었다. 디지털 테크놀로지와 인공지능이 세상을 바꾸는 21세기에는 미국이 선진 강대국으로 다시 치고 나가고 있고, 다른 국가들은 강대국이 되기 위해서 미국의 모델을 좇아가지 않을 수 없다. 만약 21세기에 기마군단으로 무장하고, 농업과 비단, 차, 향료, 금, 은 등의 교역으로 강대국을 꿈꾸는 자가 있다면 그는 시대착오적인 과대망상자일 뿐이다.

즉 선진 강대국은 그 시대의 국제질서에 가장 잘 조응하는 국가체제를 만든 국가이며, 다른 국가들은 경쟁에서 살아남기 위하여 그 국가를 모델로 하여 선진 강대국 비전을 그린다. 산업혁명 이후에도 시대착오적으로 전근대 질서에 조응하는 국가체제를 고집한 조선이나 중국은 망하거나 강대국의 먹잇감이 되었고, 자유주의 국제질서 시대에 사회주의를 고집한 북한이나 쿠바는 후진국으로 전락하였다. 만약 지금 유럽이 21세기 4차 산업혁명 시대에 진입하지 못한다면 이들의 운명도 알 수 없다.

리더십의 소프트 파워

시대별 강대국이 그냥 강대국이 아니고 '선진 강대국'인 것은 또 그 나름의 이유가 있다. 바로 당대의 강대국은 군사력과 같은 하드 파워뿐만 아니라 다른 국가가 모방하고 싶은 '선진적인' 모델도 보유하고 있기 때문이다. 즉 다른 나라들로 하여금 지금의 강대국으로부터 선진적인 것을 배우고 따라 하고 싶은 존경과 동경을 만들어낸다. 그게 바로 강대국 소프트 파워의 원천이다.

조셉 나이Joseph Nye가 1990년에 출판한 책『Bound to Lead』에서 소프트 파워라는 개념을 처음으로 소개할 때의 국제정치적 배경은 미국의 위상이 상대적으로 떨어지고 일본과 유럽이 경제적으로 급부상하던 1980년대이다. 이 책에서 조셉 나이는 미국의 글로벌 영향력을 군사력과 경제력이라는 하드 파워만으로 평가하는 것은 잘못된 것이며, 미국은 일본과 독일이 넘볼 수 없는 세계적인 대학 시스템, 민주적인 제도, 문화적 매력 등의 소프트 파워가 있기 때문에 미국의 글로벌 리더십은 향후에도 지속될 것이라고 주장하였다.

나이의 이러한 소프트 파워 개념은 학술적으로 정치한 개념 정의는 아니어서 학문적 공헌이 크지는 않았지만, 국가나 조직, 개인의 '리더십'을 설명하는 데에 매우 유용한 개념 틀을 제공하고 있다. 즉 리더십이 강력하게 밀어붙이는 능력뿐만이 아니라 구성원이 자발적으로 따라오게 하는 소프트 파워 능력을 동시에 갖추어야 한다는 점을 설명하는 데 매우 유용하다. 나이가 바라보는 소프트 파워는 그냥 매력적인 것을 총칭하는 것이 아니라 리더십을 발휘해야 하는 강대국의 소프트 파워인 것이다.

예를 들어 우리는 K-팝이나 K-드라마, 영화 등으로 대표되는 한류라는 매력 자원이 있기 때문에 한국이 강력한 소프트 파워를 갖고 있다고 생각하나, 그 매력 자원이 대한민국의 국제정치적 리더십이나 영향력으로 전환되는 경우는 그리 많지 않다. 대개 관광객을 유치하거나, 한국에 대해 공부하는 외국인의 숫자를 늘리는 정도에서 그친다. 이는 국제정치에서 한국의 리더십과는 큰 관계가 없다. 다시 말하자면 다른 국가가 자발적으로 우리를 추종하는 리더십을 만들어낼 수 있어야 국제정치에서 진정한 소프트 파워이다.

시대를 막론하고 강대국들은 모두 예외 없이 남들이 자발적으로 모방하고 배우고 싶은 '선진성'을 보유한, 즉 리더십의 소프트 파워를 보유한 선진 강대국들이었다. 로마제국의 선진성은 주변 모두의 부러움과 배움과 경외의 대상이었고, 페르시아도, 오스만튀르크도, 중화제국도, 그리고 근대의 일본과 유럽과 미국도 모두 당대의 선진성을 자랑하는 국가였다. 그리고 이 선진성을 표상하는 단어가 바로 '문명civilization'이다. 그래서 강대국은 '문명적'이라고 불리었고, 후진국은 '야만적'이라고 표현되었다.

그런데 이 문명이라는 것이 묘하다. 아무리 강력한 소프트 파워를 지닌 문명이라도, 시대가 바뀌면 그 문명은 소프트 파워를 잃게 된다. 과거 중화제국의 문명은 지금도 경탄을 자아내게 하고, 또 직접 가서 보고 싶게 만들지만, 그 문명은 21세기인 지금, 관광객 유치와 지적 호기심 이상으로 국제정치적인 영향력을 발휘하지 못한다. 그 어떤 국가도 과거 중화제국이 만들어낸 문명을 보고 중국의 리더십 밑으로 들어가지 않는다. 로마 문명이 있는 이탈리아도 그러하고, 찬란한 고대 문명을 자랑하는 이집트도 그러하고, 페르시아 문명이 남아 있는 이란도 그러하다. 반면 그러한 고대 문명이 없어도 지금의 미국은 다른 차원의 문명으로 세계적인 리더십을 발휘한다. 무엇이 그 차이를 만들어내는 것일까?

그 해답은 바로 '과거'와 '미래'라는 시간 속에 들어 있다. 즉 당대의 강대국 소프트 파워는 '과거'의 찬란함에서 나오는 것이 아니라 다른 나라들에게 배우고 따라가고 싶은 미래를 보여주어야 나올 수 있다. 과거의 선진 강대국인 제국들이 만들어낸 소프트 파워인 이른바 문명은 그 당시에 누구나 갖고 싶고 닮고 싶은 미래를 보여주었다. 건축 기술과 예술, 번화한 거리와 학문, 강력한 군사력과 무기, 거기에 경이롭고 아름다운 종교적 요소를 가미하면 자발적으로 충성을 바치는 신앙의 소프트 파워가 생겨난다. 이러한 문명은 전근대 시대에 강력한 제국의 리더십을 만들어냈다.

사무엘 헌팅턴이 1993년에 발표한 '문명 충돌론'은 사실상 과거 제국의 소프트 파워 간의 충돌을 주장한 것이었는데, 헌팅턴이 간과한 것은 "그 과거 문명이 21세기인 지금 과연 힘을 발휘할 수 있는가?" 하는 질문이다. 물론 지금 시점에서 미래를 보여주지 못하는 과거 제국의 문명은 국제정치적으로 그다지 큰 리더십을 발휘하지 못하고 있다.

미래로 가는 소프트 파워와 과거에 의존하는 소프트 파워

미국은 상대적인 경제력과 군사력에서 예전만 못하지만, 아직도 세계적인 리더십을 발휘하고 있고, 많은 나라가 미국을 배우고 따라가고 싶어 한다. 물론 이러한 소프트 파워는 더 이상 조셉 나이가 언급한 세계적인 교육 시스템과 민주주의, 문화적 매력, 그리고 정교한 외교정책 등에서 나오는 것이라 할 수 없다. 요즘 미국의 도시는 더럽고 위험하고 마약과 노숙자가 넘쳐난다. 공교육은 무너졌고, 의료 시스템은 한국에 비하면 너무나 비싸고 불편하다. 민주주의가 딱히 모범적인 것도 아니고 공공 서비스는 비효율적이다. 과연 선진국인지 의심이 가는 대목이다.

하지만 한 가지, 다른 모든 국가와 비교가 안 되는 소프트 파워가 있다면 그건 바로 '미래'를 만드는 능력이다. 특히 21세기의 미래를 만드는 새로운 기술과 트렌드와 표준은 거의 다 미국에서 나온다. 디지털 테크놀로지와 AI 혁명, 퀀텀 기술, 우주 기술, 전기자동차, 바이오, 그린산업 등 미국이 혁신하면 다른 국가들은 감탄하고, 어떻게든 따라 하려고 한다. 우리는 미국이 만드는 21세기의 미래에서 우리의 미래를 본다. 미국은 21세기의 문명을 만들고 있는 것이다.

반면 중국은 시진핑 주석이 집권한 이후 자꾸만 과거에 의존하는 리더십을 발휘하려고 한다. 과거 중화제국을 연상시키는 중국몽과 일대일로, 중화문명을 중심으로 영향권을 구축하려는 문명담론, 자기 완결적인 자급자족 순환경제를 만들려는 제국적 경제권 구축 등은 말할 것도 없고, 미국이 mRNA 기술로 코로나 백신을 만들 때 중국은 당나라·송나라 때의 한의학을 국민에게 권하고, 전 국토를 잠가버리는 제로 코로나 정책을 과감히 시도했다. 중화제국에서 소프트 파워를 찾으려는 이러한 중국에서 이제 자본이 빠져나가고,

중국과 친해지려 했던 국가들이 등을 돌리기 시작했다.

이 시각에서 보면 미국은 선진 강대국이고 중국은 그냥 강대국일 뿐이다. 물론 중국이 선진 강대국이 될 수 있는 잠재력이 없는 것은 아니다. 기술력이 있고, 인적자원이 있으며, 세계 2위의 경제력을 가지고 있다. 하지만 지도층이 인류 보편적인 가치를 구현하는 미래 담론과 미래 문명에서 멀어지면 결코 국제적인 리더십을 발휘하는 선진 강대국이 될 수 없다. 세계가 강한 중국을 무서워하지만, 중국과 같이 가려는 국가는 줄어들고, 오히려 위협을 느껴 중국을 포위하는 결과를 맞이할 것이다. 그런 면에서 볼 때 현재 중국의 소프트 파워를 고민하는 정권 주위의 사회과학자나 책사는 결코 일류라 할 수 없다.

이제 한국으로 돌아와 보자. 전술했다시피 우리의 국가 비전은 선진 강대국이어야 한다. 선진국의 문턱을 넘어선 이제 선진 강대국 이외의 국가 비전은 존재하지 않는다. 다만 우리가 선진 강대국이 되기 위해서는 시장에서의 경제력과 지위, 그리고 강한 군사력뿐만이 아니라 세계에 21세기의 미래를 보여주는 소프트 파워 리더십을 갖추어야 한다. 개발도상국들이 한국에게서 소프트 파워를 느끼는 이유는 우리의 경제적 성공에서 그들의 미래를 보았기 때문이다. 한국이 빠른 산업화와 민주화, 그리고 IT와 한류에서 치고 나갈 때, 개도국들은 한국에서 그들이 갖고 싶은 미래를 보았을 것이다.

그러던 한국이 어느덧 과거로 돌아가서 선거 때만 되면 부동산 개발을 위해 땅 팔 생각만 하고, 부동산으로 경기나 부양하고, 민주주의와 법치를 무시하고, 과거의 이념에 사로잡혀 중국과 북한을 추종하고, 과학기술자와 의사가 세상을 한탄하고, 네이버나 다음을 이을 새로운 신기술 재벌은 꿈도 꾸지 못하는 시대로 회귀하고 있다. 기성세대는 저출산을 걱정하면서, 돈을 얼마 주면 애를 낳을 것인가를 미래 세대에게 묻고 있다. AI 때문에 1인당 생산성이 엄청 늘어날 텐데 인구를 더 늘려서 불어난 실업자들에게 기본소득만을 주면서 경제를 돌리려고 하는 생각인지 되묻지 않을 수 없다.

한국이 강대국 틈바구니에서 선진 강대국으로 살아남으려면, 편집된 역사에 의존하여 정통성과 정의로움을 주장하는 역사전쟁은 이제 학문의 영역으로 돌려주고 다른 선진 강대국과 함께 미래와 미래 문명을 얘기해야 한다. 강대국 소프트 파워의 비밀은 '선진'이라는 단어 속에 들어 있는 '미래'에 존재한다. 미래에 대한 통찰을 지닌 지도층의 등장이 우리가 선진 강대국으로 가는 길의 마지막 문턱이 될 것이다.

4장

강대국의 뇌:
강대국적 사고와 행동

―――
대한민국이 강대국답게 사고하고, 강대국답게 행동하고, 강대국답게 책임감을 보이면, 당장 강대국의 반열에 공식적으로 올라갈 수 있다. 우리의 미래를 만들고, 미래 세대에게 강하고 잘사는 좋은 나라와 환경을 물려주기 위해서는 비용이 들더라도 우리의 미래가 반영된 질서를 다른 강대국과 경쟁·협력하면서 만들 수 있어야 한다.

01
뒤처진 사고방식과 리더십

강대국이라면 강대국답게 생각하고, 강대국답게 행동하고, 강대국답게 책임을 져야 한다. 또한, 강대국이라면 강대국에 걸맞은 인재를 기용하고, 강대국에 맞는 국가체계를 수립하고, 강대국에 맞게 정부를 운영할 수 있어야 한다.

대한민국은 이미 자유주의 국제질서하에서 경제, 기술, 문화, 군사, 인적자원 등의 분야에 걸쳐 다른 강대국에 뒤지지 않는 위치에 올라와 있다. G7 국가 중 미국을 제외하고는 종합적인 국력 면에서 우리가 크게 뒤처진다고 할 나라는 별로 없다. 하지만 대한민국이 명실상부하게 강대국으로 인정받지 못하고 있는 이유는 우리 정부와 지도층이 강대국답게 생각하고, 강대국답게 행동하고, 강대국답게 국가를 운영하는 것이 무엇인지 아직 모르거나, 준비가 안 되었기 때문이다.

"어느 순간 깨어보니 선진국이 되어 있더라"라는 말이 있다. 뒤집어 보면 이 말은 우리가 이미 선진국에 진입해 있었음에도 불구하고, 선진국이었음을 모르고 오래 지내왔다는 의미와 다름이 없다. 1990년대 이후 선진국에서 태어난 지금의 젊은 세대는 세계 어디를 가도 여타 선진국의 젊은 세대에 뒤지지 않는다. 반면 개도국 세대인 기성세대는 우리가 선진국에 이미 진입해 있었음에도 이를 제때 자각하지 못하여 2000년대 초반 이미 이룩한 '선진화'를 이제부터 해야 한다는 뒤늦은 '선진화' 구호를 만들어냈다.

우리나라에서 21세기 초반에 태어난 세대는 선진국 세대임과 동시에 강대국 세대이다. 이들의 사고와 행동은 대한민국에 갇혀 있지 않고 이미 세계 곳곳의 개발 협력 원조 및 봉사활동에 뻗어 있다. 군사적으로도 이 세대는 한반도를 넘어 세계 주요 분쟁지역에 한국의 군사력을 투사하여 지역의 안정과 평화에 기여하고자 하는 강대국 세대이다. 우리 군대는 한미동맹을 오랜 기간 유지하면서 미국이라는 초강대국과 협의하고 협력하고 공동으로 작전을 수행할 수 있는 실력을 쌓은 선진 강군이다. 문화적으로는 이미 다 알고 있듯이, 이 세대는 문화영토를 세계 곳곳에 걸쳐 확장한 강대국 한류 세대이다. 기술적으로도 미래의 세계 경제가 돌아가는 데 없어서는 안 될 첨단기술을 운용하고 개발할 수 있는 세대가 지금의 젊은 세대이다.

문제는 이러한 선진 강대국 세대와 국가를 끌고 가야 할 지도층이 아직도 20세기적인 개도국 혹은 중진국 사고와 행동을 보이고 있다는 데 있다. 가장 전형적인 예가 '우리가 개도국일 때 선진국으로부터 개발원조를 받았기 때문에 이제는 받은 것을 갚아야 할 때다.', '한국군과 한미동맹은 한반도를 넘어서는 지역과 이슈에 대한 군사적 개입을 해서는 안 된다.', '국제정치에서는 가치나 책임보다는 냉정한 실리 계산이 우선이다.' 등의 사고방식이다. 또한, 미국과 선진국이 우리 국가 정상에 대해 의전상 얼마나 최고의 대우를 해주었는지 그리고 미국, 중국, 러시아 등 강대국과 얼마나 오랜 시간 정상회담을 했는지, 몇 번을 만났는지 등을 홍보하는 행태 등도 그러한 예이다. 기성세대인 지금의 지도층은 아직도 이러한 약소국적이고 개도국적인 사고와 행동 패턴에서 벗어나지 못하고 있다.

우리가 개도국에 원조한다면 예전에 선진국에서 받은 것을 어딘가에 갚기 위해 원조하는 것이 아니라, 지금 우리에게 유리하게 형성되어 있는 자유주의 국제질서를 잘 유지하고 발전시킨다는 국가전략 차원에서 해야 한다. 즉 아직 자유주의 국제질서에 안착하지 못한 개도국이 자유시장경제와 근대적 정치 시스템을 갖추도록 도와서 정상적인 국가로서 그들을 자유주의 국제질서에 참여시키는 목적으로 개발원조를 하여야 한다. 그러한 큰 그림에서 개발원조전략을 수립하고 다른 강대국과 협의하여 원조국과 분야에 대한 선택과 집중, 분업을 하는 것이 강대국적인 사고방식이다.

또한, 우리가 선진 강대국으로 발돋움할 수 있게 기회를 제공한 자유주의 국제질서의 안정을 위하여 한반도를 넘어서는 지역에 군사력을 투사하고 다른 강대국과 함께 질서의 안정을 추구할 수 있어야 그것이 강대국적인 사고방식이고 강대국적인 군사력 운용이다. 우리는 우리의 군사력을 한반도에만 머물게 하여 역외 군사분쟁에 개입하지 않도록 하는 외교력을 발휘하면 훌륭한 외교를 했다고 생각하지만, 세계 6위 수준의 군사력을 한반도에만 가두어 두고 자기만을 위하여 사용하는 것에 대해서 국제사회의 시선은 곱지 않을 것이다. 국제질서의 혜택은 크게 보면서 국제질서의 안정에 기여하고자 하는 마음이 조금도 없다면, 다른 국가들이 우리나라를 국제사회의 모범적인 회원국이라고 생각하지 않는다.

이에 더해, 근시안적인 국익 계산만 하기보다는 인류 보편가치를 수호하고 확산하여 더욱 예측 가능하고 안정적인 국제질서를 만드는 노력을 하는 것이 장기적인 안목에서 책임 있는 강대국 외교이다. 흔히들 가치 외교와 실리외교를 분명하게 구별하여 가치 추종보다는 실리외교를 해야 한다고 주장하는 사람들이 많은데, 자유주의 국제질서의 시대에는 그 둘이 구분되지 않는다. 인류 보편가치가 잘 지켜지는 국제질서를 만들어야 하나로 묶인 국제시장이 예측 가능하고 안정적으로 돌아가게 된다. 지금의 국제질서를 규범 기반 국제 질서Rules-based International Order라고 부르는데, 법과 규범에는 그를 뒷받침하는 가치가 항상 따라붙는다는 것이 상식이다. 민주주의 법·규범에는 그에 따르는 가치가 있고, 자유시장경제의 법·규범에는 그에 따르는 가치가 존재한다. 법·규범과 가치가 잘 수호되어 국제질서가 안정되고 국제시장이 안정되어야, 무역으로 먹고사는 우리가 경제적 번영이라는 실리를 얻게 된다.

그리고 가치를 도외시하고 실리 계산만 하는 국가는 다른 나라로부터 신뢰와 존경을 얻을 수 없다. 약소국과 개도국은 실리 계산만 해도 그러려니 하겠지만 강대국은 국제질서의 안정과 발전을 위하여 계산 자체의 틀을 바꾸는 일을 해야 한다. 인권을 유린하거나 무력으로 영토를 침탈하거나 테러행위를 하거나 시장을 교란하거나 환경을 파괴하는 세력은 국익에 손해가 날 수 있도록 계산의 틀을 만들어야 한다. 우리나라에서는 자칭 진보라고 하는 세력조차 국제사회에서 계산의 틀을 바꿀 생각을 하지 않고 냉정하게 '계산만 할 것'을 요구한다.

대한민국이 강대국답게 사고하고, 강대국답게 행동하고, 강대국답게 책임감을 보이면, 당장 강대국의 반열에 공식적으로 올라갈 수 있다. 물론 거기에는 희생이 따르겠지만, 역설적으로 계산 잘하는 사람들이 항상 얘기하듯, "세상에 공짜 점심은 없다." 우리의 미래를 만들고, 미래 세대에게 강하고 잘사는 좋은 나라와 환경을 물려주기 위해서는 비용이 들더라도 우리의 미래가 반영된 질서를 다른 강대국과 경쟁·협력하면서 만들 수 있어야 한다.

그렇다면 강대국 대한민국이 강대국답게 사고하고, 강대국답게 행동하고, 강대국답게 책임감을 갖는 일은 구체적으로 어떠한 것일까?

02
대한민국이 대응해야 할 위협들

강대국들은 강력한 하드 파워나 소프트 파워 에너지를 동원하여 국제질서를 자신들에게 유리하게 구축하고 유지하며 발전시키는 구상과 능력을 갖춘 나라들을 의미한다. 지금의 국제질서인 자유주의 국제질서는 열린 세계시장과 복잡하게 얽힌 글로벌 공급망, 화석연료 중심의 에너지 공급, 그리고 주요 시장에서의 전쟁 억지 및 분쟁 방지, 국제시장의 안정화를 중심으로 돌아가면서 발전하여왔다. 이 질서에서 대한민국은 무역을 통하여 고속성장하였고, 선진국·강대국으로 발돋움하였다. 이제 자유주의 국제질서는 단순히 우리의 대외환경일 뿐만 아니라 대한민국의 지속적인 발전과 성공을 위한 주요한 자산이다. 우리의 자산은 우리가 지키고 발전시켜야 한다.

21세기에 들어서면서 이 자유주의 국제질서는 소위 4차 산업혁명 기술의 발전으로 인하여 새로운 단계로 진일보하고 있다. 디지털 국제질서가 기존의 질서 위에 병합되고 있기 때문이다. 그래서 이제 자유주의 국제질서에서 기존 자연지리적 공간뿐만 아니라 디지털 사이버 공간이 매우 중요해지고 있다. 21세기에는 이 디지털 사이버 공간을 지배하는 자가 세계를 지배한다고 해도 과언이 아니다. 이 디지털 공간이 무너지면 일상생활과 질서 그 자체가 무너진다. 인터넷이 멈추면 당장 아무것도 할 수 없도록 국가와 사회의 운영체계가 짜여버렸다. 과거의 자연지리 지정학에 더해 인터넷 공간의 지정학인 '사이버 지정학Cyber Space Geo-politics'이 더욱 중요한 국제정치의 동학이 되고 있다.

　이렇게 진일보한 자유주의 국제질서를 잘 관리하기 위해서는 책임 있는 강대국이 다음과 같은 위협 요인을 국제공조를 통하여 안정적으로 관리해야 한다. 첫째, 자유주의 국제질서의 강대국은 촘촘하게 엮여 있는 글로벌 가치사슬, 특히 현대 경제에서 석유에 버금가는 상품인 반도체와 관련된 공급망이 붕괴되거나 흔들리지 않도록 관리해야 한다. 어떤 국가나 세력이 이 반도체 가치사슬에서 핵심적인 부분을 독점하거나 무기화하여 공급을 교란하지 못하도록 공급망 안보전략과 국제공조체제를 수립해야 한다. 거의 모든 제조업 상품에 반도체가 들어가는 현대 경제에서 반도체 공급에 지장이 생기면 막대한 국가 경제의 손실로 이어진다. 특히 미래 경제의 핵심 기술인 인공지능에 필요한 첨단 반도체는 적대적인 세력에 의존하는 공급망을 구축해서는 안 된다. 과거 1970년대의 두 번의 오일쇼크를 통하여 아랍 OPEC(석유수출국기구) 국가들에 의한 석유 공급망의 무기화가 세계 경제에 얼마나 끔찍한 영향을 미치는지 교훈을 얻은 바 있다. 반도체 공급과 관련하여 오일쇼크와 유사한 충격이 발생하지 않도록 선제적으로 공급망 안보를 확보해 두어야 한다.

둘째, 적대세력에 의한 사이버 인프라와 사이버 공간에 대한 공격에 대응하여 확실한 방어체계를 갖추고 있어야 한다. 즉 사이버 안보의 중요성이다. 위에서도 언급한 바와 같이 자유주의 국제질서에서 사이버 인프라가 무너지면 시장은 물론 국가 전체가 멈추게 된다. 북한과 대치하고 있는 우리는 전쟁 경험 때문에 전통적인 안보에 비해 사이버 안보에 대한 경각심이 다른 선진 강대국과 비교하여 현저하게 낮다. 하지만 북한도 상당한 수준의 사이버 공격 능력을 가지고 있으며, 미국은 오래전부터 국가안보의 제1순위를 사이버 안보로 규정하고 있다.

셋째, 기후변화는 자유주의 국제질서를 넘어서서 인류의 미래까지 위협하고 있는 사안이다. 그런데 선진 강대국들은 이 환경 이슈를 도전인 동시에 기회로 받아들이고 있다. 즉 기후변화에 대응하는 노력으로 새로운 산업과 시장을 창출하고 있다. 이 미래 시장의 핵심은 바로 녹색산업이며, 화석연료를 태우지 않고 거의 모든 에너지를 전기에너지로 바꾸는 새로운 에너지 산업을 만들고 있다. 여기서 중요한 것이 바로 2차전지라고 불리는 배터리, 에너지 저장장치이다. 그래서 배터리 기술력과 배터리와 관련된 글로벌 공급망의 안정을 확보하는 문제 역시 강대국의 매우 중요한 관리 사안으로 등장하고 있다.

넷째, 전쟁과 분쟁과 테러에 대한 억지와 관리 역시 중요하다. 주요 시장과 공급망이 자리 잡은 지역에서 대규모 전쟁이나 분쟁이 일어나면 세계시장은 일순간에 정지하고 혼란스러워진다. 러시아의 우크라이나 침공은 그 정도의 혼란을 가져오지는 않았지만, 대만이나 한반도에서 전쟁이 일어난다면 세계시장에 미치는 영향은 가늠하기 어렵다. 더구나 이 지역은 핵무기를 가진 공격적인 국가들, 즉 중국·북한을 상대해야 하므로 더욱 심각하다. 소위 4개의 전선이 동시에 구축될 수 있는 러시아·중동·대만·한반도는 전통 안보 분야에서 강대국이 관리해야 할 매우 중요한 지역이다.

다섯째, 개도국에 대한 개발 협력과 이들의 경제 및 정치적인 발전을 지원·유도하는 일이다. 개발 협력은 과거의 은혜를 갚는 차원에서 하는 것이 아니라, 자유주의 국제질서를 관리한다는 차원에서 해야 한다. 그러기 위해서는 어떤 국가에 어떤 지원을 어떻게 얼마나 하느냐에 대한 정교한 전략이 수립되어야 한다. 그냥 선심성으로 마구 퍼주는 개발원조는 국민 세금의 낭비이다. 이들 개도국이 정치·

경제적으로 안정되어야 분쟁, 테러, 불법 이민, 난민, 마약, 내전 등 자유주의 국제질서를 위협하는 요인들을 제거하고 관리할 수 있다.

여섯째, 현재 한국 외교에서 가장 비어 있는 공간은 G7과 같은 강대국들의 모임, 강대국들의 클럽, 강대국과의 제도화된 다자협력 틀이다. 일본만 하더라도 G-7에 들어있고, 인도·태평양이라는 구상 하에 QUAD(미국·일본·호주·인도)라는 다자협의체에 참여하고 있다. 호주도 미국·영국과 함께 AUKUS라는 다자협의체를 만들어 미래에 대비하고 있다. 우리는 중국의 눈치를 보느라 이러한 새로운 다자협의체가 만들어질 때, 어느 하나에도 주도적으로 참여하지 못하였다. 자유주의 국제질서에서 강대국의 지위를 인정받으려면 강대국의 클럽에 들어가야 한다.

최근 우리도 G7에 들어가려는 외교적 노력을 하고 있는데, 이는 강대국으로 인정받고 강대국 클럽에서 다양한 혜택을 받기 위해서 할 수 있는 매우 건설적인 시도이다. 다만 변화하는 세상에서 새로운 시장과 새로운 이슈들이 계속 출현하고, 기존 강대국도 힘을 잃는 경우가 많아, 우리는 시대에 맞는 새로운 강대국 클럽과 협의체도 구상하고 건설할 수 있어야 한다. 예를 들어 유럽의 지위가 흔들리게 되면 세상은 자연스럽게 미국, 일본, 한국, 중국, 인도 등이 주인공이 되는 시대가 된다. 이때 우리는 가치와 시스템의 공통점이 많은 미국·일본과의 다자협력체를 구상하고, 중국과 인도라는 강대국과 유연한 관계를 맺어야 한다.

또한, 한국의 대중문화 소프트 파워를 활용하여 가칭 C5 (Creative 5)라는 한국·일본·미국·프랑스·영국이 참여하는 문화강국 클럽을 만들어 세계 대중문화시장과 첨단기술시장을 새롭게 개척할 수도 있다. 그리고 여기서 미래를 향한 건설적인 메시지도 정상회의를 통해 세계에 발신할 수 있다.

5장

제국의 역습:
21세기 중국과 제국의 관성

미국과 유럽의 시각에서 보면 중국이 제국적인 세력권을 구축하면 단순히 세계시장이 분절되는 것이지만, 우리는 중국이라는 제국의 플랫폼 안으로 주권이 흡수될 수 있다. 이러한 미래를 걱정해야 한다. 대륙 제국의 관성이 커진 시진핑 주석하의 중국을 상대하기 위해서 우리가 반드시 강대국 대한민국의 비전을 수립해야 한다.

01
연성 권위주의와 발전국가 모델

지금은 고인이 된 미국의 정치학자 찰머스 존슨은 일본, 한국, 대만 등 후발 산업화 국가의 초고속 산업화를 설명하기 위하여 '발전국가 developmental state'라는 개념을 만들었다. 처음에는 유럽 선진국에 비해 늦게 근대화를 시작한 일본의 성공 비결을 분석하기 위하여 이론화 작업을 한 것이 발전국가 모델이었지만, 대한민국과 대만의 빠른 산업화 과정에서 일본과의 유사점이 발견되어 발전국가 모델은 이른바 동아시아의 기적을 설명하는 모델로까지 논의되었다. 최근에는 우리보다도 더 늦게 산업화를 시작한 중국의 고속성장을 설명하기 위하여 이 발전국가 모델이 재등장한 바 있다.

경제발전에 있어서 국가의 역할을 강조한 발전국가 모델의 설명력에 대해서 시장의 역할을 강조하는 경제학자들의 끊임없는 비판이 이어졌지만, 위에서 언급한 국가들의 발전 과정에서 국가의 연성 권위주의soft authoritarian가 공통으로 발견된다는 점에서 발전국가 모델의 설명력을 비과학적인 것이라며 단칼에 부정하기는 어렵다. 연성 권위주의에 의한 경제발전은 강력한 국가의 행정지도administrative guidance, 혹은 강제력으로 기존에 존재하지 않았거나 취약했던 사적 영역private sector을 만들고, 좁은 국내시장이 아닌 넓고 기회가 많은 세계시장을 향한 수출 주도형 경제성장을 전략으로 삼아 고속성장을 이뤄낸 것을 의미한다.

기존에 없던 것이나 취약했던 것을 빨리 만들기 위해서는 강제력이 동원되어야 하고, 그 강제력이 권위주의적인 정부로 표상된 것인데, 그 권위주의가 자유시장경제 안에서 리더십으로 발휘된 경우 고속 경제성장을 이룰 수 있다는 것이 발전국가 모델의 논리이다. 즉, 없거나 취약했던 근대화된 노동력과 노동시장을 만들고, 기업과 기업가를 만들고, 금융을 포함하여 자유시장경제가 돌아가는 시장제도를 만들고, 공공 인프라를 구축하고, 수출 활로를 개척해주고, 시장 정보를 수집하여 기업과 공유하고, 사회의 안정을 확립하는 등, 이 모든 것을 빠르고 안정적으로 만들어내기 위해서는 국가에 의한 일정 수준의 권위주의적 리더십이 필요하다는 것을 부인하기는 어렵다. 박정희 정부에 대한 평가에 있어서 공과 과가 나누어지는 것도 박정희 정부의 발전국가 모델이 권위주의와 고속 경제성장이라는 부정적인 면과 긍정적인 면을 동시에 포함하고 있기 때문이다.

그런데 이 발전국가 모델이 작동하기 위해서는 처음부터 선행조건이 성립되어 있어야 한다. 그것은 바로 산업화 이전부터 존재하는 효율적이고 우수한 중앙집권적인 관료 정부의 존재이다. 국가고시를 통하여 충원된 우수한 관료 인력과 전국적으로 설치된 효율적인 국가 제도가 이미 존재하고 있었기 때문에 이를 통하여 신속히 사적 영역을 만들어 고속 근대화를 할 수 있었던 것이다. 한국의 경우에는 조선 시대에 이미 중국으로부터 수입하여 모방한 중앙집권화된 효율적인 관료 국가를 가지고 있었고, 높은 교육열 덕분에 훌륭한 인재를 공적 부문과 사적 부문에 신속히 공급할 수 있는 선행조건을 갖추고 있었다. 물론 이러한 선행조건은 일본제국주의 강점기에 더욱 근대적인 모습으로 이어져, 해방 후 대한민국이 발전국가로 전환하는 데 기여했다고 할 수 있다. 물론 대한민국뿐만 아니라 일본·대만·베트남·중국도 모두 이러한 발전국가의 선행조건을 가지고 있었다는 점에서 연성 권위주의와 발전국가 모델은 아직도 설명력을 가지고 있다고 생각된다.

이렇게 발전국가 모델에 대해서 다소 장황하게 기술한 이유는 현대 국제정치에서 중국의 부상이라는 문제와 그 함의를 이해하기 위해서이다. 현 단계에서 대한민국이 당면한 국제정치의 문제를 이해하고 해결하기 위해서는 세계 2위의 강대국으로 부상한 중국과 향후 중국의 발전 방향에 대한 이해가 필수이다.

이미 미국을 위시한 선진 강대국들은 이 문제를 파악하기 위하여 자국의 중국 전문가 및 국제정치·사회과학 전문가들을 거의 총동원하다시피 하여 다양한 분석을 내놓고 있지만, 정작 바로 중국의 이웃에 위치하여 그 어떤 국가보다 심대한 영향을 받게 될 우리의 대응책은 단순히 미국 학계가 내놓은 다양한 분석과 처방에 대한 찬반 정도에 그치고 있다. 경제적 의존도나 안보적 함의, 북한 핵 문제에 대한 대응 등에서 중국이 한국의 미래에 미칠 영향은 미국이 우리에게 미치는 영향에 못지않게 클 수밖에 없는데, '우리의 중국 문제'에 대한 분석과 논의가 그저 해외에서 제시된 처방에 대한 찬반 수준의 진영적 사고에 갇혀 있으면 정말 큰일이다.

발전국가라는 개념과 분석 틀은 중국이라는 국가의 역사적 연속성과 새로운 발전 방향을 동시에 보여주는 매우 유용한 도구이다. 발전국가의 선행조건인 중앙집권적 관료 국가는 전근대 중국제국이 발전시킨 국가체계이고, 이 국가체계 위에서 경제발전을 이룩한 발전국가 중국은 과거의 제국적 모습을 관성적으로 보여줄 것이기 때문이다. 즉 제국의 관성과 시장경제의 동학이 공존하면서 집권세력의 세계관에 따라 제국과 시장경제 사이에서 무게중심이 번갈아 움직이는 시계추와 같은 중국의 모습이 보일 것이다.

02
대륙제국과 자본주의 시장 사이에 존재하는 중국

중국은 지금 중화인민공화국이라는 근대 주권국가의 명칭을 사용하고 있지만, 사실상 제국이라고 불러도 과언이 아닌 국가이며, 실제로 근대 이전에는 줄곧 공식적인 제국이었다. 우리는 영국과 미국의 국제정치학자들이 만들어놓은 몰역사적인 국제정치 이론인 현실주의를 무비판적으로 받아들여, 국제정치의 주요 행위자는 그저 주권을 가진 민족국가로 알고 있지만, 사실 20세기 중반까지 국제정치의 주인공은 제국이었다. 단순히 군사력이 강한 강대국으로서의 제국이 아니라 자국이라는 중앙과 이민족 혹은 식민지라는 주변부가 체계적으로 통합된 국가로서의 제국을 의미한다.

인류 역사에서 제국은 일반적으로 두 가지 형태로 대별할 수 있다. 하나는 대륙에서 형성된 거대한 영토를 점한 대륙제국이고, 다른 하나는 해양의 통상 거점을 이어가며 식민지를 건설한 해양제국이다. 우리가 흔히 말하는 대륙세력과 해양세력은 이 두 종류의 제국을 지칭한다고 할 수 있다. 그런데 대륙의 제국과 해양의 제국은 제국의 성립 이유와 그 동학이 상당히 다르다.

18세기 산업혁명이 발생하기 이전 수천 년간 농업경제에 의존하여 생존해온 인간은 비옥한 땅과 군사적 방어에 유리한 지리적 위치를 차지하기 위하여 서로 집단을 이루어 투쟁해왔다. 대륙의 제국은 이미 유리한 조건의 지리적 위치를 차지한 국가로서 제국의 영토를 노리고 침입해오는 이른바 야만세력을 굴복시키고 복속시키면서 그 덩치를 키운 광대한 국가이다. 지리적 범위가 너무 넓어지면 통치력이 미치지 못하거나 과도한 국력이 소모되어 제국의 중앙이 흔들리게 될 수 있으므로, 경우에 따라서는 주변부의 위협세력을 안으로 복속시키지는 않고 조공을 바치는 종속적 관계를 구축하는 경우도 있었다. 이렇게 대륙의 제국은 주변부의 위협세력을 자국의 세력권 안에 안정적으로 묶어두지 않으면, 잦은 침입과 이에 대한 국력의 소모로 붕괴의 위협을 느끼게 되는데, 이에 대응하는 가장 효율적이고 효과적인 정치체제로서 중앙집권적인 관료 국가를 만들게 된다. 주변부의 원심력을 막아내는 구심력이 강한 중앙집권체제를 만드는 것이다.

반면 해양제국은 대륙의 제국과는 다른 논리로 제국으로 발전했다. 지리적으로 좋은 지역은 이미 대륙의 제국이 차지하였고, 대륙의 주요 통상로마저 대륙제국의 통제하에 있었기 때문에, 유럽의 해양에 위치한 포르투갈, 스페인, 네덜란드, 영국과 같은 해양세력은 대륙이 아닌 해상로를 개척하여 통상으로 생존과 번영을 꾀하였다. 비단, 차, 향료 등 값비싼 고급 재화를 원거리 해상 무역을 통하여 들여와 부를 쌓고, 통상으로 농산물을 구입하고, 통상으로 쌓은 부를 통하여 강한 군대, 특히 해군을 보유하게 된 국가들이다. 이들은 해외의 통상 거점이나 식민지를 개척해야 경제가 번성하기 때문에 처음부터 주변부의 침략이라는 대륙제국의 원심력이 존재하지 않았으며, 오히려 국가는 수입원을 확보하기 위하여 무역상과 일정 정도의 협력 관계를 구축하게 된다. 우리에게 잘 알려진 네덜란드와 영국의 동인도회사는 해양제국의 국가와 상인이 협력하여 구축한 제국주의적 회사이다.

이러한 연유에서 해양제국은 처음부터 해외의 다른 국가와 통상관계 및 네트워크를 구축해왔고, 이러한 통상관계가 자본주의 근대화로 이어지면서 국가 간의 계약을 중시하는 지금의 주권국가로 발전하게 된다. 이들 국가는 자본주의 경제가 통상을 통하여 하나의 세계시장으로 묶인 지금의 자유주의 국제질서에 당연히 가장 잘 조응하는 국가들이고, 자유주의 국제질서의 핵심적인 역할을 하는 국가로 발전하였다.

반면 통상보다는 오랜 기간의 전근대적 농업경제, 그리고 군사력에 의한 영토 확장과 주변 세력의 복속에 익숙한 대륙의 중앙집권적인 제국은 근대화의 과정에서 과거 대륙제국의 관성을 가지고 근대와 현대로 진입하게 되었다. 두 개의 광대한 대륙제국인 중국과 러시아는 불행하게도 근대화의 과정에서 시장을 통한 통상국가가 아니라 중앙집권적 계획경제인 사회주의 제국을 유지하였고, 20세기 말에 들어서서 비로소 근대 시장경제 국가로 전환하는 기회를 갖게 되었다. 중국의 경우에는 전술한 바와 같이 권위주의적인 중앙집권 국가가 발전국가로 전환하면서 사적 영역을 신속하게 만들었고 수출 주도형 경제발전을 이룩하여 이제 세계 2위의 경제대국으로 부상하였다.

이러한 중국은 수천 년의 대륙제국에 불과 수십 년의 발전국가가 접합된 경우이니 자유주의 국제질서에 안착하기에는 아직도 대륙제국의 관성을 갖고 있을 수밖에 없다. 즉 일본이나 한국, 대만과는 다른 발전 경로로 중국이라는 발전국가가 진화할 수 있음을 의미한다. 특히 중국의 경우에는 사회주의 비전을 버리지 않은 공산당이 건재하고, 국가의 통합과 통치의 정당성을 위하여 과거 위대한 제국에 대한 향수를 동원하는 지도자가 등장할 수 있기 때문에, 대륙제국의 관성은 무시할 수 없는 힘으로 살아 있다고 할 수 있다.

그리고 대륙제국은 외세의 위협이 시장을 통하여 침투하는 상호 의존적인 통상보다는 자국 안에서 거의 모든 것을 생산하고 소비하는 자기 완결적인 자급자족 경제를 추구하려는 동학이 강하다. 발전국가 모델을 통하여 경제성장에 성공한 중국은, 4차 산업혁명인 데이터 플랫폼 경제를 구축하여 동아시아의 과거 조공국들의 경제를 이 플랫폼 안으로 통합하는 새로운 대륙제국을 꿈꿀 수 있다. 4차 산업혁명 기술과 인공지능을 가동하면 중앙이 주변을 통제하는 데이터제국을 꿈꿀 수 있다. 지금 시진핑 정부에서 추진하는 '중국제조 2025'나 '쌍순환 경제' '국제질서의 다극체제' 등은 대륙제국의 관성에서 생겨난 비전이 아닐까 하는 의심을 주는 지점들이다. 이러한 현대판 플랫폼 제국체제를 구축해야 중국이 과거와 같은 외세의 침략으로부터 안전할 것이라는 생각을 할 것이다.

미국과 유럽의 시각에서 보면 중국이 제국적인 세력권을 구축하면 단순히 세계시장이 분절되는 것이지만, 우리는 중국이라는 제국의 플랫폼 안으로 주권이 흡수될 수 있다. 이러한 미래를 걱정해야 한다. 특히 제국주의적인 세계관을 가지고 있는 시진핑 주석과 미국최우선주의의 세계관을 가진 트럼프 대통령의 시대에는 아시아에서 제국주의적인 미래가 앞당겨질 수도 있다. 그래서 대륙제국의 관성이 커진 시진핑 주석하의 중국을 상대하기 위해서 우리가 반드시 강대국 대한민국의 비전을 수립해야 한다.

6장

미래를 위해 협력해야 할 한일 자유주의 세력

일본은 기본적으로 시장세력이고 그래서 국제사회에서 법과 규범을 지키지 않으면 안 되는 자유주의 국제질서의 핵심 멤버이다. 이렇게 변모한 국가와 19세기 군국주의·제국주의를 중심에 놓고 과거사 논쟁만 하면서 시장과 국제사회를 도외시한다면, 그건 우리와 우리 후손을 위한 국익 달성을 도외시하는 것과 같다.

01
자유주의 국제질서에서 일본은 어떠한 국가가 되었는가?

 이 장에서 기술하는 이론적 논의는 1장의 내용과 겹치는 부분이 있다. 물론 한일관계를 그 이론으로 풀어나갔다는 점에서 새로운 내용이라고 할 수 있다. 다만, 19세기적 반일의 시각을 갖고 있고, 또 일본에 대해서 불안해하는 독자들은 아래의 이론적 논의부터 차근차근 읽었으면 한다. 일본이 왜 다시 제국주의·군국주의 국가로 돌아가기 어려운지를 이론적으로 설명하였기 때문이다.

 한국과 일본의 협력 문제를 논할 때, 항상 범하는 국제정치학적 과오는 한국과 일본의 국제정치 관계가 19세기 말과 20세기 초에 멈추어 있다고 가정하는 것이다. 이 책의 핵심 메시지는 국제질서가 진화한다는 것이고, 그 진화한 국제질서에 맞추어 국가전략을 생각해야 강대국이 될 수 있다는 것이다. 그리고 진화한 국제질서 안에서 국가 간의 관계 변화를 읽어야지, 특정 시점의 국제질서에 멈추어, 혹은 특정 시점의 국제질서가 영원불변한다고 믿고 과거의 국제질서의 틀에서 현재의 국가 간의 관계를 해석하면, 시대착오적인 국가전략이 나온다는 것이다.

아직도 우리 정치권에서 '반일', '친일파', '토착왜구'라는 말이 나오게 된 배경에는 제국주의 시대에 형성된 한국(조선)과 일본 간의 비극적 관계가 있다. 즉 19세기 제국주의 국제질서가 확장하던 시기에 일찍이 서구 근대 제국으로 탈바꿈한 일본이 서양 제국과 함께 자국의 시장과 영토의 확대를 꾀하기 시작하였고, 일본은 아시아에서 주변 영토 병합으로 영토 확장과 시장 확장을 하였다. 이렇게 새롭게 병합된 영토와 시장은 식민지라는 개념으로 표현된다.

전근대에서 근대로 넘어오면서 자본주의는 이윤 추구를 목적으로 더 넓은 시장을 만들어간다. 먼저 근대 국가를 형성한 유럽의 제국과는 아직 다른 형태의 정치·경제체제를 가진 비유럽 세계는 처음에는 유럽 제국의 통상 파트너로 유럽 제국과의 관계를 시작하였지만, 점차 유럽 제국 각각의 침략적 시장 확대의 대상지가 되었다. 그 과정에서 비유럽 지역에서 서구 근대 국가에 병합되는 수많은 식민지가 탄생하게 된다.

시장의 확대라는 측면에서 19세기 말과 20세기 초의 제국주의적 시장 확대와 자유주의 국제질서에서의 시장 확대는 같은 시장 확대이기는 하지만 매우 뚜렷한 차이가 존재한다. 전자의 경우에는 시장 확대가 제국의 확대, 즉 제국과 식민지 간의 양자적 병합으로 귀결되었지만, 자유주의 국제질서에서는 전 세계 근대 국가의 모든 시장이 다자주의라는 법·규범적 계약관계를 통하여 하나의 세계시장으로 연결되면서 확대된다. 즉 개념적으로 표현하면 양자주의 중심의 시장 확대와 다자주의 중심의 시장 확대라는 매우 근본적인 차이가 존재한다.

이는 결코 양자와 다자라는 숫자만의 차이가 아니라, 군사력을 통하여 시장과 식민지를 확보하던 시대에서 법과 규범이 국제정치의 중심이 되는 새로운 시대와 질서로의 이전을 의미한다. 즉 전자는 국가들이 다 함께 공존하고 서로 유기적으로 연결되는 이른바 '국제사회'가 결여된 국제정치이고, 후자는 다자주의라는 끈으로 연결된 '하나의 국제사회'가 형성된 국제정치라는 의미다. 그리고 국제사회가 형성되면 그 사회의 중심은 근대적인 공동 시장이 되며, 그 시장을 통하여 국제사회의 일원들은 안보와 번영이라는 국익을 쌓아 올린다. 식민지에서 근대 국가로 변모한 우리 대한민국이 그 국제사회의 시장을 통하여 남부럽지 않게 안보와 번영이라는 국익을 쌓아 올린 대표적인 사례이다.

만약 국제사회의 국제시장이 작동하지 않으면, 국제사회 그 자체가 무너져 국제사회의 일원들, 즉 국가들은 각자도생하면서 그동안 쌓아 올린 안보와 번영이라는 국익을 순식간에 잃어버리게 된다. 그래서 그 국제시장이 무너지지 않도록 국제사회의 일원들은 모두 함께 합의한 다자 규범과 법으로 국가들을 묶었고, 만약 이 규범과 법을 위반하는 국가가 생기면 이들이 단합하여 제재를 가하면서 위반 국가를 정상으로 만드는 협력을 하게 된다.

오늘날 우리가 목도하는 북한에 대한 제재나 러시아에 대한 제재는 단순히 도덕적이고 윤리적인 의미의 제재가 아니라 바로 국제사회와 시장에의 악영향을 막기 위한, 각자의 국익을 위한 제재인 것이다.[20] 국제사회의 규범과 법을 어기는 국가가 나오면 국제사회의 시장에 왜곡이 발생하고, 그것이 바로 각국의 경제에 악영향을 미치기 때문이다.

지금은 타국을 약탈하고 식민지를 만드는 국가의 군사력이 국익을 좌우하는 시대가 아니라 국제사회가 묶어 놓은 국제시장, 세계시장의 안정과 발전이 각국의 국익을 좌우하는 시대가 되었다. 어떤 국가든 이 시장과 그 시장을 규율하는 법과 규범을 침해하면 그 침해 국가에 대하여 바로 국제사회의 제재가 들어오는 것이 지금의 자유주의 국제질서 시대의 특징이다. 즉 현재는 군사력이 아니라 자유주의 시장과 법과 규범의 시대이며 경제제재의 시대인 것이다. 이를 정확히 인식하지 않으면, 우리는 지금의 국제정치를 제대로 이해하지 못한다.

이제 여기서 한일관계로 눈을 돌려보자. 일본은 중국이 부상하기 전까지 미국과 함께 전후 자유주의 국제질서를 이끌고 온 세계 2위의 경제대국이다. 세계 3위의 경제대국은 서독이었고, 그 뒤를 이은 국가들이 대부분 G7의 회원국이라고 할 수 있다. 2차 세계대전에서 패전한 일본과 독일이 전후 자유주의 국제질서의 핵심 국가가 되었다는 것을 알 수 있는데, 그 이유는 이들 국가가 제국주의 시대의 군사력을 포기하고, 국제시장에서의 경제력을 평화와 번영이라는 국익 달성의 수단으로 받아들였기 때문이다. 그리고 그 시장에서 국익 달성을 하기 위해서는 법과 규범을 잘 지켜야 하며, 공정한 시장세력이 되어야 한다.

물론 어느 국가나 100% 법과 규범을 따르지는 못하고, 항상 공정한 것은 아니지만, 일본이 자유주의 국제질서에서 세계 2위의 국가로 올라서서 인정과 대접을 받은 것은 국제사회에서 법과 규범을 잘 지키는 모범적인 국가로서 인정을 받은 것을 의미한다. 만약 일본이 국제사회의 법과 규범을 어기고, 다시 군국주의의 길로 가려 했다면 승전국인 미국을 포함하여 국제사회의 제재를 받고 고립되었을 것이다.

자유주의 국제질서에서는 시장을 만들고 법과 규범을 만들고, 불공정 행위를 단속하는 데 리더십을 발휘한 국가를 패권국가 혹은 패권$_{hegemony}$이라고 개념화한다. 이전 전근대 국제질서에서는 광대한 영토와 압도적인 군사력과 소프트 파워를 가진 국가를 패권이라고 하였으나, 지금은 아무리 압도적인 군사력과 일정한 범위에서 소프트 파워를 가져도 패권이 되지 못한다. 그러한 가장 대표적인 예가 러시아다. 국제시장의 안정을 도모하고, 법과 규칙과 규범을 준수하도록 리더십을 발휘할 수 있어야 패권이다.

이렇게 두 가지 종류의 성격이 다른 패권이 존재한다는 것은 이미 국제정치학계에서는 크게 이론이 없는데, 아직도 우리 학계나 언론계에서는 패권이라는 개념을 압도적인 군사력과 힘을 가진 국가라는 전근대적인 개념으로만 이해하고 있다. 지금의 패권은 국제 공공재$_{global\ public\ goods}$를 제공하는 리더십 국가를 의미하며, 그 국가는 누가 뭐래도 미국이다.

일본은 자유주의 국제질서에서 G7 회원국으로서 미국과 함께 그 질서를 유지하고 발전시키는 역할을 해왔다. 전후 전수방위라는 안보원칙을 세웠기 때문에 군사적으로 질서의 안정에 기여하지 못하여 국제사회에서 많은 비판을 받아왔지만, 경제적이고 인도적인 분야에서 국제공헌을 하여왔다. 최근에는 자국 국민 생명의 희생이 동반되는 군사적 분야에서의 기여를 해야 한다는 국제여론 때문에 제한된 범위이지만 군사적인 활동도 늘려나가는 추세이다. 즉 이제 일본도 국제사회를 위하여 이기적으로 돈만 쓰지 말고, 목숨을 거는 군사적 활동도 하라는 국제사회의 여론이 존재한다.

우리는 일본이 이러한 국제사회의 여론에 대응하여 군사적 활동을 늘리면, 일본이 다시 제국주의와 군국주의의 야욕을 드러내는 것으로 해석한다. 물론 일본 안에는 이 기회를 활용하여 그러한 방향으로 나아가고자 하는 극우세력이 존재할 것이다. 하지만 자유주의 국제질서의 안정을 위해서 군사적 활동을 하는 것과 군국주의·제국주의를 위하여 군사적 활동을 하는 것을 명확히 구분할 수 있어야 한다. 지금은 19세기와 20세기 초에 잠시 존재했었던 제국주의 국제질서가 아니기 때문에, 자유주의 국제질서의 그 어떤 국가도 식민지 침탈 중심의 제국주의를 위하여 군사력을 늘리려 하지 않는다, 오히려 경제를 위하여 방위비를 최소화하려는 추세이다. 그 추세 때문에 유럽의 국가 정상들이 미국의 트럼프 대통령과 방위비 분담 비율을 놓고 얼굴을 붉히고 논쟁을 한 것은 익히 알려져 있다. 군사력이 중요한 시대라면, 유럽의 국가들은 이때가 기회라고 생각하고 방위비와 군사력을 급속도로 늘렸을 것이다. 하지만 유럽은 트럼프 대통령의 방위비 증액 요구에 저항하며 반대의 방향으로 가면서 사이가 틀어졌었다.

이런 시대에 일본이 홀로 군사력을 키워서 군국주의와 제국주의로 돌아가 주변국을 다시 식민지로 만들고, 대동아 공영권을 만들어 지역 패권국이 되려 한다고 상상을 해보자. 가령 이시바 수상이 인도·태평양이라는 개념을 만들어 인도·태평양을 일본제국의 지역으로 만들려 했다고 상상을 해보자. 만약 그 구상을 군사적으로 바로 실천에 옮기는 순간, 일본은 자유주의 국제질서의 법과 규범을 정면으로 침해하게 되어, 미국을 비롯한 국제사회의 제재를 받고 바로 고립의 길을 가게 될 것이다. 미일동맹이 있는 한 일본이 독자적으로 그런 음모를 짜는 것조차 현실적으로 가능하지 않을 것이다. 이는 바꾸어 말하면, 일본은 처음부터 그런 구상이나 음모를 꾸미고 실행할 수 없는 국가가 되었다는 것이고, 일본이 다시 군국주의와 제국주의 국가로 돌아간다는 것은 미국이 사회주의 국가가 되는 것만큼 어려운 일이다.

우리가 일본의 공식적인 사과가 멈춘 것에 대해 불쾌해하고 불안해하는 이유는 일본이 더 이상 반성을 하지 않는다고 생각하기 때문이고, 그래서 다시 군국주의화할 수 있는 위험한 국가라고 생각하기 때문인데, 어떤 의미에서는 사과와는 별개의 문제로 이미 일본은 다시 제국주의로 돌아갈 수 없는 다리를 건너버렸다. 제국주의는 일본의 국익에 반하기 때문이고, 다시 제국주의를 추진할 일본의 주류 정치세력이 존재하지 않기 때문이다. 나라는 늙었고, 인구는 줄어들고 있고, 국제사회를 이기려는 무모한 생각을 지닌 정치세력이 없다.

이와 같은 분석이 마치 일본을 대변하는 것같이 들릴지 모르겠지만, 사실은 지금의 국제질서에서 일본이 군사력을 가지고 제국주의적으로 뭘 할 수 있는 여지가 없다는 현실을 이론적으로 전달한 것이다. 일본은 기본적으로 시장세력이고 그래서 국제사회에서 법과 규범을 지키지 않으면 안 되는 자유주의 국제질서의 핵심 멤버이다. 이렇게 변모한 국가와 19세기 군국주의·제국주의를 중심에 놓고 과거사 논쟁만 하면서 시장과 국제사회를 도외시한다면, 그건 우리와 우리 후손을 위한 국익 달성을 도외시하는 것과 같다. 물론 과거사에 대한 정확한 인식은 필요하지만, 국제정치와 국익 달성을 위한 한일협력을 과거사가 좌우하는 것은 현명한 일이 아닐뿐더러, 지금의 국제질서에 맞지 않는 행위이다. 조선은 19세기 말 국제질서에 맞지 않는 행위를 하여 일본의 식민지가 되었는데, 21세기에 대한민국이 또 국제질서에 맞지 않는 행위를 하여 미래의 국익을 놓치면 안 된다.

02
한일협력으로
인구 감소와 미래 시장 문제 대처

그렇다면 우리가 자유주의 국제질서에서 일본과 같이 미래에 어떤 국익을 달성할 수 있을까? 이를 고민하기 위해서는 또 한 가지의 이론적 논의가 필요하다. 디지털 전환(DX)과 녹색 전환(GX), 그리고 인구 감소 트렌드에 맞추어 이에 대한 미래 구상을 한국과 일본이 같이 공유하면서 새로운 시장을 만드는 일이다. 여기서 핵심이 되는 개념이 바로 네트워크 효과network effect, network externality라는 것이다.

네트워크 효과는 아주 단순화하여 정의한다면, 수많은 링크를 가진 네트워크 회사가 시장에 등장하고, 그 네트워크에 참여하는 참여자의 수가 늘어날수록(링크가 늘어날수록) 네트워크에서 만들어지는 효용이 커져서 참여자가 쉽게 그 네트워크를 이탈하지 못하는 것을 의미한다. 그래서 이러한 네트워크를 선점한 회사는 시장에서 일종의 독점적 지위를 갖게 된다.

디지털 시대인 지금, 인터넷 공간에서 바로 이러한 네트워크 회사가 등장했는데, 우리는 그러한 회사를 플랫폼 회사라고 부른다. 디지털 공간에서 먼저 플랫폼(즉 네트워크)을 만들어 네트워크 효과를 만드는 회사가 생기면 이 회사는 독점적으로 그 시장을 지배하는 경향이 커지는데, 지금 그러한 회사들이 대부분 미국과 중국을 중심으로 세계 디지털 시장을 양분하고 있다. 구글이나 마이크로소프트, 애플, 아마존, 넷플릭스와 같은 미국의 회사나 알리바바, 바이두, 텐센트와 같은 중국의 회사들이 그러한 글로벌 플랫폼이다.

만약 미래 한국 경제가 이들 플랫폼에 의존하게 된다면, 우리는 이들 기업이 뿜어내는 네트워크 효과 때문에, 그 네트워크 안에서 빠져나오지 못하고 종속되는 리스크가 생긴다. 이는 한국의 경제와 안보를 담보하는 국익과 관련된 리스크이다. 그래서 우리는 미국과 중국의 플랫폼 기업과 경쟁할 수 있는 제3의 글로벌 플랫폼 기업을 만들어야 하는데, 지금 우리와 비슷한 처지에 있는 일본과 함께 제3의 지역을 묶어 글로벌 플랫폼 기업을 만드는 방법을 생각할 수 있다. 특히 플랫폼을 활용하는 인공지능의 시대에는 네트워크 효과가 더 배가될 것이기 때문에 향후 인공지능이 본격적으로 상용화되기 전에 한일이 새로운 제3의 플랫폼을 만들 수 있어야 한다.

그런데 한국과 일본은 공통으로 인구가 감소하는 국가이고, 그 추세를 빠르게 반전시킬 가능성은 거의 없어 보인다. 만약 인구 감소 트렌드가 반전될 가능성이 없으면, 반전될 수 없다는 가정하에서 대안을 모색하는 것이 현명한 일이다. 안 될 일에 쏟아부을 예산을 될 일에 투입하는 것을 기회비용을 아끼는 것이라고 한다. 인구 감소를 대신할 수 있는 대안은 바로 인공지능이 장착된 로봇, 즉 휴머노이드를 인구로 계산하는 것이다. 인간과 휴머노이드를 합한 것을 '대안인구'라는 개념으로 설정하고, 이 인구를 늘리면서 인구 감소의 다양한 부작용을 테크놀로지로 해결하는 것이 기회비용을 줄이는 일이며 미래 시장을 만드는 일이다. 인공지능의 종착역은 결국 휴머노이드이고, 이들이 인간과 비슷한 생산과 소비를 할 것이기에 휴머노이드에 세금도 부과하고, 인구 증가과 감소를 휴머노이드의 생산으로 조절하는 미래를 그릴 수 있을 것이다.

다행스럽게도, 한국과 일본은 디지털 기술과 로봇 기술에 강하며, 인공지능 면에서도 세계적인 수준이다. 두 국가가 로봇 플랫폼을 인공지능 플랫폼으로 공유하면서 제3의 글로벌 플랫폼을 만들기 시작하면 한일이 만드는 새로운 시장을 기대할 수 있다. 공동으로 인구 감소의 문제와 디지털 전환의 문제와 녹색 전환의 문제를 해결하면서 새로운 시장을 개척할 수 있는 하나의 대안이 된다.

물론 이러한 상상과 비전에 대해서 전문가의 검증과 분석이 요구

되겠지만, 이 대안은 현실적이고 미래지향적인 해결책이 나올 수 있다는 '가능성의 예시'와 같은 것이어서, 꼭 이 대안이 아니더라도 새로운 가능성에 도전하는 많은 전문가의 상상력이 발휘되기를 기대한다. 테크놀로지와 국제정치에 관한 내용은 전문적으로 들어가면 다른 한 권의 책이 필요할 정도로 내용이 방대해지기 때문에, 이 장에서는 한일관계의 미래를 설정하는 데 필요한 부분에만 국한하여 이론적인 설명을 하였다.

7장

남북관계의 기회비용

북한을 남북관계로 보는 시각에서 벗어나 수정주의 대국인 중국·러시아·이란과의 연대라는 더 크고 복잡한 연결망 속에서 접근하여야 한다. 한반도라는 좁은 시야에서 벗어나 유라시아 대륙 전체와 국제질서 전체를 보면서 북한을 함께 다루어야 한다는 의미이다. 당분간 남과 북이 주인이 되어 서로의 운명을 결정하는 남북관계의 시대는 돌아오지 않을 것이다.

01
이론적 논의

남북관계를 보는 이론적 연구는 무수히 존재하지만, '국제질서의 시각'에서 남북관계를 보는 이론은 그리 발달하지 않았다. 그리고 기존 이론적 논의도 특정 사안 중심으로, 예를 들어 비핵화나 억지와 관련된 이론적 논의나 통일과 관련된 이론적 논의, 남북교류 및 협력과 관련된 이론적 논의 등으로 연구가 진행되었고, 남북관계를 국제질서 전반의 틀에 집어넣어 분석하는 경우는 매우 드물었다.

남북관계를 국제정치학의 시각에서 접근하는 연구도 현실주의, 자유주의, 기능주의, 구성주의 등 기존 국제정치 이론을 사안별로 적용하는 경우가 많으나, 과연 저 이론들이 남북관계의 각 사안에 적합한 이론인지를 정교하게 따지는 작업을 우선하기보다는 소위 진보·보수 진영별로 이론의 선택이 달라지는 경향을 보이기도 한다.

국제질서의 시각에서 남북관계를 보면 매우 분명하게 드러나는 것이 하나 있는데, 그것은 자유주의 국제질서의 가장 안쪽에 있는 국가와 가장 바깥쪽에 있는 국가가 분단된 상황으로 대치·공존하고 있다는 점이다. 냉전이 끝나고 자유주의 국제질서가 세계화하면서 자유주의 국가들은 자유주의 국제질서 밖에 존재했던 국가들을 이 질서 안으로 집어넣는 다양한 노력을 해왔는데, 대부분의 동구 사회주의권 국가가 편입되었음에도 불구하고 아직도 이 질서에 본격적으로 들어오지 않은 몇 개의 나라가 있었다. 그중 하나가 바로 북한이다. 북한을 제외하면 쿠바나 몇 개의 실패 국가들이 있고, 중간에 걸친 국가로 이란과 같은 강력한 제재를 받는 국가가 있다. 러시아와 중국도 자유주의 국제질서 안에는 들어와 있지만, 완전히 이 질서로 사회화된 국가로 보기는 어렵다. 그 이유는 앞 장에서 이론적으로 설명한 바 있다.

자유주의 국제질서가 이 질서 밖의 국가를 그 질서 안으로 편입시키려는 이유는 첫째, 기존 세계시장에 새로운 시장을 추가하고 싶기 때문이고, 둘째, 기존 세계시장을 교란하는 위협세력을 제거하고 싶기 때문이다. 특히 러시아나 중국, 북한과 같은 수정주의 세력은 자유주의 국제질서에 직접적인 위협이 된다. 수정주의 국가의 위협은 곧 세계시장에 대한 위협이기 때문에, 세계시장에 혼란을 가져오고, 각국 경제에 직접 악영향을 미치게 된다.

이러한 위협 국가를 기존의 자유주의 국제질서에 편입시키기 위해서 이 질서의 핵심 국가들은 소위 당근과 채찍stick and carrot strategy을 섞어서 활용하는데, 제재나 억지가 채찍에 해당하고, 관여정책engagement policy이 당근에 해당한다고 할 수 있다. 당근과 채찍은 상반되는 정책으로 보이지만 사실은 두 개의 정책이 밀접히 연결되어 있다. 그 이유는 두 개의 정책이 상대방으로 하여금 자유주의 국제질서의 규칙과 행태를 학습시키기 위하여 연계되어 사용되기 때문이다. 질서 밖의 국가가 자유주의 국제질서의 규칙 및 규범에 잘 따라오면 당근, 즉 관여정책을 강화하여 다양한 정치·경제적 이익을 부여하고, 그 규칙을 지속적으로 위반하면 채찍 즉 제재나 억지·통제를 통하여 그 국가의 일상을 어렵게 만든다. 이러한 당근과 채찍의 과정이 반복되면, 질서 밖의 국가가 자유주의 국제질서 안에 있을 때가 밖에 있을 때보다 훨씬 좋은 조건이 생겨나는 것을 학습하고, 자연스럽게 질서 안으로 들어온다고 보는 것이다. 즉 당근과 채찍은 질서 밖의 국가를 학습을 통하여 질서 안으로 사회화socialize시키는 도구라고 할 수 있다. 마치 어린아이가 기존 사회에 사회화되는 과정에서 당근과 채찍으로 학습하는 것과 유사한 과정이라고 할 수 있다.

북한의 경우는 냉전이 끝나면서 사회화될 기회가 있었으나, 러시아나 중국, 혹은 베트남과 같이 질서 안으로 들어오지 못하였다. 그 이유는 북한이 분단국가의 한쪽이었기 때문이다. 즉 자유주의 국제질서 안으로 들어오는 순간, 북이라는 분단국가는 자유주의 국제질서의 핵심 국가인 남한에 흡수될 수밖에 없고, 그렇게 되면 북한의 기득권은 소멸될 위기를 맞기 때문이다. 동독이 서독에 흡수되어 동독의 정권은 소멸되고 서독 위주의 통일이 된 것이 유사한 사례이다.

북한의 입장에서는 생존을 위하여 흡수를 어떻게든 막아야 하고, 상당 기간 질서 밖에서 생존하는 방법을 찾을 수밖에 없었는데, 이에 가장 유효한 수단이 군사적으로는 핵무장, 경제적으로는 통제된 부분적 개방과 제재 해제이다. 탈냉전 초기에는 핵무장의 단계 단계에서 그 단계와 제재 해제를 교환하는 협상을 시도해보기도 하였지만, 개방과 시장화가 주는 정권에의 위협과 핵이 없을 때의 확실한 안전보장 방안이 상상되지 않는 현실에서 북한은 결국 제재를 감내하면서 핵무장의 길을 선택하게 된다.

자유주의 국제질서는 북한에게는 전면적인 위협이 아닐 수 없다. 개혁개방은 시장화를 가져와 전근대적 사회주의 정권에 위협을 가하고, 자유주의 국제질서의 규칙과 규범은 북한으로의 핵확산을 용인하지 않는다. 그래서 북한은 김씨 일가의 정권 자체가 내부적으로 혁신하거나 교체되지 않는 한 현 상태에서 이 질서로 들어올 수 없다. 아무리 비핵화의 시늉을 해도, 아무리 협상을 다각적으로 활용하려 해도 답이 나오지 않는 것이 현실이다. 중국과 같이 개혁개방을 하고, 과학기술을 통하여 '단번도약'을 하고 싶지만, 조금만 잘못해도 바로 남한에 흡수될 수 있다는 점에서 북한이 중국의 길을 따라가기란 쉽지 않다(중국은 대만에 흡수될 걱정을 하지 않아도 되었다).

이렇게 자유주의 국제질서의 단층에서 대치하고 있는 두 개의 분단국가는 이른바 두 국가의 생존경쟁 관계로 규정된다는 면에서 현실주의 국제정치에 가까운 관계를 형성하게 된다. 다만, 질서 밖의 국가는 거대한 국제질서의 흐름 속에서 기본적으로 수세적이 될 수밖에 없기 때문에, 최악의 시나리오 하에서 군사정책을 짤 수밖에 없고, 그것이 핵무장으로 나타난 것이다.

그런데 만약 자유주의 국제질서에 균열이 생기고, 그 균열로 인하여 북한에 우호적인 또 하나의 질서가 다른 쪽에서 형성될 수 있다면, 북한에게는 숨통이 트이는 일이 아닐 수 없다. 만약 자유주의 국제질서에 대한 수정주의 세력인 러시아나 중국과 같은 거대 국가 혹은 경제권이 북한에 유리한 대안적 국제질서를 구축할 수 있다면 북한은 그 경제권에 붙어 생존전략을 모색할 수 있다. 공교롭게도 지금 러시아와 중국이 미국과 자유주의 세력의 제재 대상이 되면서 북한과 연대를 꾀하기 시작했고, 그 연대가 이란 등과 함께 하나의 경제권을 형성할 가능성마저 보인다.

북한이 핵무장이라는 자유주의 국제질서의 규칙 위반을 하고, 그래서 경제제재를 받는 상태에서 남북한이 실질적으로 같이할 수 있는 일은 거의 없다. 교류 사업의 상당 부분이 경제제재에 걸릴 터이고, 경제적 혜택이 없는 교류에 북한이 관심을 보이지 않을 것이기 때문이다. 그렇다고 북한이 제재를 해제하기 위해 무작정 핵을 포기할 수도 없다. 그런데 중국과 러시아라는 거대한 경제권이 대안으로 등장한다면, 북한의 입장에서 핵무장과 동시에 경제건설도 할 수 있는, 소위 병진노선이 완성될 수도 있는 천금과 같은 기회이다. 이때 남한은 북한의 국가전략 속에서 존재감을 잃게 된다. 국제사회도 북한이 핵무장을 지속하는 한 관여보다는 제재에 무게를 둘 것이기에 북한은 러시아·중국과의 연대에 우선순위를 둘 것이 자명하다.

결론은 남한과 북한과의 접점은 당분간 찾기 어렵다는 것이다. 북한의 지배세력은 남한과 결별하여 사는 것이, 그리고 미국과 거리를 두며 사는 것이 생존에 더 유리하다고 판단할 것이다.

02
자유주의 국제질서와 남북관계 주도권

6·25 전쟁 이후 남북한관계는 군사적 대치와 체제경쟁이라는 첫 단계를 거쳐, 냉전 종식이 시작된 1980년대 후반부터 관여정책 및 햇볕정책의 단계로, 그리고 2000년대 후반부터 북한 비핵화에 남북관계의 거의 모든 에너지를 쏟아부은 제3단계로 이어졌다. 지금은 2019년 2월의 미북 하노이 정상회담을 분기점으로 하여 핵전력을 보유한 북한과 향후 관계 설정을 어떻게 해야 할 것인가의 문제를 풀어나가야 하는 제4단계에 진입했다고 할 수 있다.

이상과 같은 남북관계의 흐름을 조금 더 상술하면 다음과 같다. 해방 및 1953년 휴전 이후 남북관계는 민족의 적대적 분단이라는 하나의 단층선과 냉전이라는 또 하나의 단층선이 중첩되는 지점에

놓이게 된다. 민족의 적대적 분단은 남북이 군사적으로 서로를 무력통일할 수 있다는 잠재적 불안을 만들어놓았고, 민족통일이 남북한의 최우선 국가적 과제로 놓여 있는 이상, 상호 간의 군사적 위협은 상존하게 되었다.

이에 더해 냉전으로 표상되는 자본주의 체제와 사회주의 체제의 경쟁은 서로를 자신의 체제로 흡수하여 통일할 것이라는 또 하나의 불안을 만들었다. 즉 우월한 체제가 열등한 체제를 흡수하는, 한쪽은 살아남고 다른 한쪽은 사라지는 흡수통일의 우려를 낳은 것이다. 이러한 조건 속에서 남북한은 민족통일이라는 과업 수행과 일방적으로 흡수되는 것을 막아야 하는 두 가지 목표를 달성하기 위하여 군비경쟁과 체제경쟁에 돌입하게 된다.

이러한 군사적 대결과 체제경쟁은 냉전이 종식되는 1980년대 후반과 1990년대 초반까지 이어졌는데, 1970년대까지만 하더라도 북한은 친일잔재를 청산했다는 명분, 그리고 사회주의 고도성장이라는 업적을 선전하면서 남북 대결에서 우위를 점해왔다. 북한에서 친일잔재 청산이 정말 제대로 이루어졌는지는 차치하더라도 동원체제에 기반한 사회주의 경제성장은 만일 대대적으로 알려졌다면, 당시 남한의 서민들에게는 상당한 매력으로 다가왔을 것이다.

대한민국도 고속 경제성장을 하였지만, 남한이 북한을 경제적으로 추월한 것이 대략 1970년대 후반으로 알려져 있듯이 1960년대와 1970년대는 남한이 북한의 이른바 '매력 공세'에 초긴장을 하지 않을 수 없는 시기였다. 이에 더해 북한은 외세가 주둔하지도 않으며 친일잔재도 청산한 자주적인 독립국가라는 정통성을 내세웠기에, 외세인 미군이 주둔하고 있는 군부 정부 남한이 체제선전에서 북한에 쉽게 우위를 점하기는 어려웠다고 할 수 있다.

남북한 군사적 대결과 체제경쟁의 시기는 냉전 종식과 함께 체제경쟁이 끝나면서 남북 간에 군사적 대결만 남는 1990년대로 이행하게 된다. 냉전 종식은 사회주의 체제가 더 이상 작동하지 않음을 보여준 것이므로 만약 북한의 체제가 국제적 흐름을 탔다면 자본주의 시장경제로 전환하게 되어 남북한 경제교류의 증가와 함께 상호 시장의 통합이 자연스럽게 이루어질 수 있었다. 경제적 통합은 당연히 군사적 대결의 완화를 불러온다. 대한민국으로서는 '비교적' 평화적으로 흡수통일을 할 수 있는 천금과 같은 기회를 맞이한 것이다.

이러한 흐름 속에서 자신감을 가진 남한과 수세적인 북한이 맺은 몇 개의 합의문이 있는데, 그것이 바로 1991년 남북한 기본합의서(정식 명칭 '남북 사이의 화해와 불가침 및 교류협력에 관한 합의서'), 1992년 '한반도 비핵화 공동선언'이며, 미국과 북한 사이에 맺은 '1994년 제네바 합의'도 있다.

이 세 개의 합의는, 특히 기본합의서는 남북한 간 상호교류를 활성화하자는 내용도 담겨는 있지만, 기본적으로는 상호불가침과 비핵화를 목표로 하는 군사적 측면에 방점을 둔 내용이다. 즉 냉전 종식의 흐름에서 북한은 남한에 의한 인위적인 흡수를 걱정하지 말고, 대신 핵개발 야욕을 포기하라는 메시지를 담은 합의문들이다. 당시 협상 당국의 속내가 명확하게 공개되지는 않았지만 아마도 우리 정부는 이러한 합의를 하더라도 북한은 국제적 흐름을 따라 조만간 붕괴하거나 극도로 약화될 것이라는 예상을 하고 있었던 것으로 보인다. 북한을 안심시키고 기다리면 조만간 동서독 통일과 같은 흡수통일이 이루어질 것이라 기대했다고 할 수 있다.

1994년 제네바 합의는 북한의 전력 사정을 개선한다는 명분으로 북한이 이미 건설한 흑연 감속 원자로 및 관련 시설을 미국을 비롯한 국제 컨소시엄이 경수로 원자로로 대체해준다는 합의이다. 경수로는 핵무기 개발에 쓰이는 핵물질이 나오지 않는 원자로로 되어 있어 북한에 대한 전력 지원보다는 핵개발을 중단시키는 조치라고 할 수 있다. 이 합의에 의하면 2003년까지 100MWe급 경수로 2기를 북한에 제공하고 경수로 완공까지 연간 중유 50만 톤을 제공하기로 되어 있다. 이 합의가 제대로 진척되지 않고 파행하게 된 배경에는 미국과 우리 정부가 북한이 조만간 붕괴할 것이라는 내부 분석을 하고 있었기 때문이라는 소문이 돌아다녔다. 우리의 진심은 경수로 건설보다는 북한 붕괴를 기다리는 쪽에 있었다는 것이다.

제네바 합의와 북한 비핵화 시도는 우여곡절을 겪으면서 파행하고 종결되는 결과를 맞이하게 되었지만, 1997년 금융위기의 충격으로 정권을 잃은 보수 정부를 대체한 김대중 정부는 남북관계에 경제·문화·인적 교류를 증대하는 햇볕정책의 시대를 연다. 이 햇볕정책은 노무현 정부까지 이어져 비핵화라는 군사적 조치와 남북한 경제통합의 조치가 최소한 10년간 이어졌다. 그 이후의 이명박 정부와 박근혜 정부, 그리고 문재인 정부도 경제적 통합을 염두에 두고 남북한관계를 설정하려는 국가 비전을 제시하였다는 점에서 햇볕정책과 관여정책은 진보 정부를 넘어서서 일정 기간 관성으로 작동하기도 하였다.

하지만 햇볕정책 혹은 관여정책은 잘 설계된 정책이었다 하더라도 그 추진 시기 면에서 실기한 정책이라고 평가할 수 있다. 물론 우리 정부의 햇볕정책에 미국·일본·중국·러시아가 다 함께 동시에 협력하여 북한에 시장경제라는 그물망을 넓게 던지고 들어갔으면 결과가 바뀌었을 수도 있었겠지만, 북한 체제의 내구력이 상당히 커진 시기에(혹은 내구력을 강화시켜주면서) 햇볕정책이 추진되어 북한이 그때에는 이미 외부로부터의 자유화 물결을 통제·조절하는 것이 가능했었다고 할 수 있다. 동유럽의 붕괴는 동구 사회주의 경제 전체를 포괄하는 소련 경제권의 붕괴와 밀접히 관련되어 있었지만 그 경제권에서 분리되어 있었던 중국, 북한, 베트남, 쿠바 등은 동구권 국가들과는 달리 내구력이 있었다는 사실을 우리가 보지 못했던 것이다.

북한이 체제 유지의 내구력을 강화하는 이른바 경제·핵무력 병진노선을 채택한 것이 2013년이니, 햇볕정책이 우리가 원한 만큼 북한과의 시장 통합과 체제 전환에 큰 영향을 미치지 못한 것을 알 수 있다. 더군다나 이명박 정부 이후 우리의 대북정책은 북한 혹은 한반도 비핵화라는 화두 속으로 빨려 들어가기 시작하면서 비핵화 이슈 이외의 남북관계는 거의 올스톱하는 수준으로 전환하고 있었다.

문재인 정부에 들어와서 대북정책은 그야말로 정부의 간판 정책이 되었다. 외교정책의 에너지와 자원이 대부분 이 분야에 쏠렸다. 하지만 국제사회의 경제제재까지 감수하면서 무리하게 핵실험과 미사일실험을 감행한 김정은 정권을 비핵화와 경제개혁의 길로 이끌 수 있을지는 시작부터 의문이었다. 문재인 정부는 미국 트럼프 정부 초기, 북한에 부과한 유엔과 국제사회의 강력한 제재들을 모두 지지하였을 뿐만 아니라, 그 트럼프 정부를 다시 역으로 설득하여 정상 간의 대화로 북한의 비핵화를 추진하려는 모험을 시도하였다.

김정은의 비핵화 약속은 우리 정부의 외교와 정보를 담당하는 수장들이 북한에 가서 구두로 듣고 온 것이다. 국제정치에서는 문서로 확약한 것도 휴짓조각이 되는 일이 빈번한데(앞서 언급한 기본합의서, 비핵화 공동선언, 제네바 합의 모두 그러한 운명을 겪었다), 우리 정보기관의 수장이 구두 약속에 대한 검증 노력도 없이 그대로 받아서 미국에 전달한 것은 우리 정보기관 역사상 가장 이상한 일로 기록될 것이다. 미국은 당연히 그 구두 약속에 대한 검증을 요구했고, 북한은 반대로 최고 존엄의 구두 약속이라면서 이에 상응하는 제재 해제를 요구하였다.

이런 와중에 김정은 정권의 비핵화 의지 유무가 확인된 사건이 바로 2019년 2월 미국과 북한 간의 비핵화 협상인 하노이 정상회담이다. 북한의 김정은은 영변 일대의 부분적 비핵화와 북한 경제에 숨통을 트일 수 있는 경제제재 해제를 교환하기 위하여 하노이까지 기차를 타고 왔지만, 미국은 자신들의 가설이, 즉 북한의 비핵화 의지가 크지 않다는 가설이 검증되는 것을 보고 협상을 깼다. 북한은 협상 카드 딱 한 장 들고 와서 전 세계가 생중계로 지켜보고 있는 가운데 이 중요한 협상을 날렸다. 북한 협상 역사상 가장 치욕적인 날이 아닐까 생각된다. 그 이후 북한은 핵개발 의지를 감추지 않고 핵무력 완성이라는 목표를 향해 질주하는 기관차처럼 치달렸다. 그리고 지금에 이르고 있다.

이상과 같이 남북관계를 개괄적으로 살펴본 이유는 시대의 변화와 전략과 정책의 실기 등으로 인하여 남북관계는 다시 예전으로 돌아갈 수 없다는 것을 보여주기 위해서이다. 핵무력을 가진 적성국 북한은 대한민국의 미래 국가 비전에서 더 이상 우리에게 인구든 시장이든 물류든 군사력이든 평화이든 자산이 될 수 없다. 북한이 우리를 향한 핵무력을 가지고 있는 한 북한과의 정상적인 대화와 교류는 불가능에 가깝다. 게다가 북한은 중국·러시아·이란이라는 수정주의 대국들과 긴밀히 연결된 수정주의 연대의 일원이 되었다.

김정은은 2024년 1월 16일, "민족역사에서 통일·화해·동족이라는 개념 자체를 완전히 제거해버려야 한다"고 연설하였다. 남북관계가 사실상 적대적인 두 국가 관계임을 선언한 것이다. 김정은의 북한은 남한보다 중국과 러시아, 이란 등 다른 지역과의 연대를 통해 생존을 모색하는 길로 가고 있다. 그리고 경제제재의 구멍도 잘 찾아내고 있다.

우리는 이제 북한을 남북관계로 보는 시각에서 벗어나 수정주의 대국인 중국·러시아·이란과의 연대라는 더 크고 복잡한 연결망 속에서 접근하여야 한다. 한반도라는 좁은 시야에서 벗어나 유라시아 대륙 전체와 국제질서 전체를 보면서 북한을 함께 다루어야 한다는 의미이다. 당분간 남과 북이 주인이 되어 서로의 운명을 결정하는 남북관계의 시대는 돌아오지 않을 것이다.

반대로 우리 외교는 수정주의 연대와 또 그들이 자신들 쪽으로 줄을 세우려고 하는 중간지대에 있는 제3지대 국가들을 대상으로 자유주의 국제질서를 지키고 유지하고 발전시키는 '더 큰 외교'를 해야 한다. 우리는 수정주의 연대의 세 개의 핵무력 국가와 인접하고 있는 국가이기 때문에, 그리고 중간지대의 국가가 많이 몰려 있는 동남아시아가 우리의 전략 지역이기 때문에, '더 큰 외교'는 우리 외교의 필수일 수밖에 없다. 즉 선진 강대국이 되어야 한다는 말이다.

8장

핵무장에 관하여

우리는 자체 핵무장이라는 카드가 있다는 점을 미국을 포함한 전 세계에서 인정받는 외교를 해야 한다. 최악의 순간 신속하게 핵무장을 할 수 있다는 의지를 전 세계에 알려야 한다. 우리가 먼저 핵무장 카드를 알아서 포기하는 우를 결코 범해서는 안 된다. 자체 핵무장 카드는 다양한 창의적 방법으로 살려놓을 수 있다.

01
이론적 논의

핵무기와 관련된 이론적 논의는 큰 틀에서는 비교적 간단명료하다. 물론 세부적으로 들어가면 많은 미시 이론이 개발되어 있지만, 일단 몇 가지의 주요 개념과 그 개념 간의 논리적 연결성을 파악하면 핵무기 국제정치의 큰 그림은 보인다.

핵무기는 크게 전술 핵무기tactical nuclear weapon와 전략 핵무기strategic nuclear weapon로 나뉜다. 전술 핵무기는 직접 전투 전장에서 쓰이는 핵무기로 500킬로미터 이하의 사거리를 가지고, 1~50킬로톤의 비교적 작은 폭발력을 가진 핵무기를 지칭한다. 전략 핵무기는 장거리로 날아가는 핵무기로 주로 500킬로톤에서 메가톤급의 위력을 가진 핵무기를 지칭한다. 예를 들어 대륙을 넘어서 날아가는 대륙간

탄도 미사일ICBM이 전략 핵무기에 해당한다. 이 둘을 구분하는 이유는, 인접국이 핵무기를 가지고 있을 때 이에 대한 억지를 위하여 전술 핵무기를 개발하거나 배치할 필요가 있기 때문이다.

전술 핵무기와 전략 핵무기의 구분과 함께 1차 타격first strike, 1차 타격 능력first strike capability, 2차 타격second strike, 2차 타격 능력second strike capability, 상호 확증 파괴Mutual Assured Destruction: MAD 등의 개념이 중요하다. 우선 1차 타격은 핵을 가지고 선제타격을 하는 경우를 의미한다. 선제 타격은 적 공격 감지 선제 타격preemptive strike과 예방 타격preventive strike으로 구분되는데, 전자는 적이 우리를 타격할 것을 감지하여 적이 타격하려는 순간 타격하기 전에 먼저 타격하는 것이고, 후자는 적이 핵무기를 가지기 전 혹은 적의 군사력이 강해지기 전에 먼저 타격하는 것을 의미한다. 일반적으로 전자는 국제법적으로 인정되는 범위의 타격이고, 후자는 그렇지 않다.

1차 타격과 1차 타격 능력의 차이는 전자는 단순히 핵으로 선제 타격하는 것이고, 후자는 핵으로 선제 타격하여 목표물(적의 핵 능력 혹은 군사시설, 산업시설, 도시 및 인구 등)을 타격하고 적의 반격 능력을 꺾어버리는 능력을 의미한다. 1차 타격을 하였는데, 적의 핵무기가 남아 있고 반격 능력과 의지를 충분히 파괴하지 못했다면(즉 1차 타격 능력이 없다면) 적의 보복이 날아온다. 이 보복을 2차 타격이라고 한다. 2차 타격 역시 적에게 후회할 수준의 물리적·인명적 피해를 끼칠 수 있어야 2차 타격 능력을 보유하였다고 한다.

이렇게 핵을 가진 두 개의 국가가 동시에 2차 타격 능력을 보유한다면, 1차 타격이 적의 2차 타격으로 돌아와 1차 타격을 할 의미가 없어지므로, 이를 상호 확증 파괴라고 한다. 내가 타격을 해봤자 어차피 나도 막대한 피해를 입는 타격을 당하는 것이 '분명'하니 처음부터 타격을 서로 하지 말자는 논리가 설득력 있게 작동한다. 이때 상호 '억지력$_{deterrence}$'이 작동한다고 한다.

물론 핵만을 가지고 억지력이 작동하면 핵 억지라고 하지만 억지력은 핵뿐만 아니라 재래식 무기로도 작동한다. 공격이 괴멸적인 반격을 불러와 코스트가 더 큰 자살행위가 될 경우 억지력이 작동한다고 일반적으로 개념 정의하고 있다. 냉전 기간 소련과 미국 사이에는 서로를 충분히 파괴하고도 남을 만한 전략 핵무기를 보유하고 있었기 때문에 상호 확증 파괴라는 억지력이 작동하고 있었다. 냉전이라는 긴 평화$_{long\ peace}$의 원인 중 하나로 이 핵무기의 상호 확증 파괴를 거론하는 학자들이 있다.

핵무기의 숫자가 많지 않다면 적의 군사시설만을 타격하여 적의 반격 능력을 괴멸시키기는 어렵다. 이럴 경우 대도시나 산업시설, 인구를 겨냥하여 상대방의 전의를 꺾는 전략을 사용하는데 이러한 전략을 가치 타격 전략$_{conter\text{-}value\ strategy}$이라고 한다. 반면 다수의 핵무기를 가지고 적의 군사시설만을 타격하여 적의 반격 능력을 괴멸시키는 전략을 전력 타격 전략counter-force strategy이라 한다. 중국과 같이 핵무기의 숫자가 적은 경우 주로 가치 타격 전략을 사용하게 되는데, 이러한 전략으로 억지력을 갖는 경우 이를 최소 억지력minimum deterrence을 갖는다고 한다. 최근 중국도 핵무기의 수를 급속도로 늘리고 있기 때문에 전력 타격 전략으로 바뀌는 추세이다.

미국은 막강한 군사력으로 동맹국에게 억지력을 제공하고 있다. 이 억지력은 핵 억지력뿐만 아니라 재래식 무기에 의한 억지력이 동시에 포함된다. 이렇게 자국이 아니라 동맹국에게 제공하는 억지력을 우리는 확장 억지extended deterrence라고 하고, 이 확장 억지 중 핵무기로 제공되는 확장 억지를 핵 확장 억지nuclear extended deterrence 혹은 핵우산nuclear umbrella이라고 표현한다. 핵 확장 억지는 전장에 배치되는 전술 핵무기에 의해서 제공될 수도 있고, 본토에서 날아오는 전략 핵무기로도 제공되는데, 현재 유럽의 나토군에는 전술 핵무기가 배치되어 있지만, 한반도나 일본에는 전술 핵무기가 없다. 한국에는 전술 핵무기가 있었으나 1991년 노태우 정부의 한반도 비핵화 공동선언과 함께 철수하였다.

미국이 한국에 제공하는 확장 억지는 북한이 핵을 개발하기 전까지는 크게 문제될 것이 없었다. 하지만 북한이 핵을 개발하면서 우리도 최소한 전술 핵무기는 있어야 북한에 대한 억지력이 작동하는 것이 아니냐는 여론이 생겨났다. 그러나 미국의 막강한 확장 억지와 우리의 재래식 군사력이 북한의 핵공격을 억지할 수 있다는 믿음이 어느 정도 작동하고 있었는데, 문제는 북한이 미국 본토를 타격할 수 있는 전략 핵무기를 개발했을 때 생긴다. 즉 대기권을 통과하여 미국 본토에 도달하는 핵 운반수단 혹은 투발수단$_{ICBM}$을 북한이 개발할 경우, 미국의 확장 억지는 북한의 미국 본토 타격, 특히 대도시나 인구, 산업시설을 겨냥한 타격을 유발할 것이기에, 미국 여론은 확장 억지 제공에 부정적으로 바뀔 수 있다. 남의 나라 도와주려고 자신들의 생명을 핵무기에 담보할 필요는 없지 않느냐는 여론이 생길 수 있다는 것이다. 이러한 분위기에서 미국이 확장 억지 제공에 주저하게 될 경우 한국은 핵을 가진 북한에 대하여 핵 없이 상대하여야 하므로, 자체 핵무장을 하자는 여론이 커질 수 있다. 또한, 북한이 장거리 잠항을 할 수 있는 핵잠수함 기술과 잠수함 발사 핵미사일$_{SLBM}$을 갖게 되면, 이 역시 미국의 확장 억지 의지를 꺾을 수 있다. 북한의 핵잠수함이 미국 본토 근처에 접근하여 핵을 발사하면 이는 전략핵 무기와 같은 효과를 가진다.

만약, 러시아·중국·북한·이란이 모두 핵을 가지고 4개의 전장에서 핵 위협을 한다면, 미국의 확장 억지에 대한 신뢰는 더욱 떨어질 수 있다. 이러한 상황이 올 때 과연 대한민국은 어떤 전략을 채택해야 할 것인가? 동아시아의 민주주의 국가 중 핵을 보유한 국가가 단 한 나라도 없을 경우에 말이다.

02
현실에서의 논의

냉전기의 핵무기와 핵전략

핵무기를 가진 두 개의 국가가 전쟁한다고 가정할 때, 선공하는 국가는 핵을 사용한 1차 타격에서 상대방을 완전히 궤멸시키고자 할 것이다. 즉 상대방의 핵무기를 무력화하고, 전쟁 시 가동되는 군사 및 산업시설, 필요시에는 대도시에 대량 파괴를 입혀 상대방의 반격 능력과 의지를 궤멸시키는 목표를 세울 것이다. 미국이 핵을 독점했거나 소련의 핵무기 개발이 초기 단계였던 1945년에서 1960년대 초반까지만 하더라도 미국은 이러한 1차 타격 개념을 핵전략에 포함시키고 있었다.

하지만 소련이 1960년대에 들어서서 핵 능력을 고도화시키고, 1차 타격에서 생존할 수 있는 다량의 핵무기를 보유할 수 있게 됨으로써, 미국에서 1차 타격 능력이라는 개념은 자취를 감추게 된다. 폭격기·잠수함·지상에 핵무기를 분산하는 육해공 3각 체제Triad가 형성되면, 1차 타격에서 3각으로 분산된 핵무기를 완전히 파괴하는 것은 불가능해진다. 이렇게 살아남은 핵무기를 가지고 보복을 하는 것을 2차 타격이라고 한다. 이 2차 타격 능력, 즉 보복 능력 때문에 핵을 가진 두 개의 국가 간에는 공포의 균형balance of terror이라는 억지가 성립하게 된다. 내가 먼저 핵 공격을 하더라도 저쪽에서 핵 보복을 하기 때문에 어차피 서로 모두가 확실하게 파괴되는 전쟁이므로 처음부터 핵을 쓸 생각을 못 하게 되는, 즉 핵 억지가 작동하게 되는 것이다. 이러한 상호 확증 파괴가 미국과 소련 간에 작동하였기에 냉전기에 강대국 간 대규모 전쟁을 회피할 수 있었다.

하지만 미국과 소련 간의 핵 균형 시대에도 핵이 없는 국가들은 나름의 안보적 고충을 가지고 있었다. 특히 소련을 상대해야 하는 미국의 서유럽 동맹국들은 소련의 1차 핵 타격에 대한 보복 능력이 없기 때문에 소련의 핵무기 앞에서 불안하지 않을 수 없었다. 이에 프랑스는 아예 자체 핵무장을 하였고, 미국은 독일, 이탈리아, 벨기에, 네덜란드, 터키 등에 전술핵tactical nuclear weapon을 배치하는 이른바 나토 핵 공유를 시작했다.

한반도에도 다양한 전술핵이 주한미군을 통하여 배치되어 미국의 핵우산을 강화하였는데, 전술한 바와 같이 1991년 남과 북이 한반도 비핵화 공동선언에 합의하면서 모든 전술핵이 한국에서 철수하였다. 남과 북의 경제력과 군사력이 역전되었고, 냉전이 종식되면서 굳이 한반도에 전술핵을 배치할 필요가 없어졌다는 판단에 따른 것이라고 할 수 있다. 냉전이 종식되면서 미소 간에도 핵전쟁의 위협이 감소하였고, 중국은 개혁개방으로 방향을 전환하였으며, 북한은 언제 붕괴해도 이상하지 않은 나라가 되었기에 우리 정부는 자신감을 가지고 한반도 비핵화 공동선언을 도출해낸 것이다.

핵무장 수정주의 연대의 등장과 높아지는 핵 리스크

그런데 21세기에 들어서면서 상황은 급반전하기 시작했다. 우리에게 그 급반전의 주도자는 중국과 북한이고 급반전에 확실한 엔진을 달아준 사람이 러시아의 푸틴이다. 그리고 전후 오랫동안 초강대국의 권위와 능력을 독점해온 미국이 이제는 막대하게 쌓여가는 국가부채 때문에 동맹국과의 안보 분업에 더욱 의존하게 된 상황도 급반전에 가속을 가하고 있다.

우리에게는 북한의 핵이 가장 큰 안보적 위협임은 아무리 강조해도 지나치지 않지만, 미래의 위협을 현실의 차원으로 급속도로 당겨온 사건이 2022년 2월 러시아의 우크라이나 침공, 그리고 '중화민족의 위대한 부흥'과 '중국몽'이라는 시진핑 중국의 미래 비전이다. 과연 이 나라들이 핵무기를 실제로 사용할지는 아직 미지수이지만, 핵무기의 '활용성' 면에서 우리는 새로운 국면에 진입하고 있다. 즉 핵을 실제로 사용할 수도 있다는 불안감(사실 이 불안감이 그동안 억지력으로 작동해왔지만)이 증폭되면서 비핵국가와 핵국가 간의 긴장 관계와 전력 비대칭이 냉전기보다 심각한 형태로 재등장하였다.

지금의 국제적 핵무기 분포가 냉전기의 그것과 근본적인 차이를 가져오는 이유는 이제 미국의 본토를 타격할 수 있는 다수의 수정주의 국가를 미국이 상대해야 한다는 점이다. 사실 냉전기에 많은 국제정치학자가 동서 간에 세력 균형이 성립되어 있었다고 주장하지만, 사실 군사력과 경제력을 기준으로 볼 때 동서 간에는 세력 균형이 성립된 것이 아니라 미국의 압도적 힘의 우위였다고 할 수 있다. 다만 소련이 2차 타격 능력이 있는 핵 능력을 보유한 이후 미소 간에 상호 확증 파괴가 성립되면서 일종의 공포의 균형이 생겼을 뿐이다. 핵무기가 힘의 차이를 일거에 보완해준 셈이다.

하지만 냉전기에는 상호 확증 파괴라는 공포의 균형을 이룰 수 있는 나라가 미국 이외에 소련밖에 없었다. 핵의 분포를 보아도 미국, 영국, 프랑스, 이스라엘, 인도 등 민주주의 국가가 핵을 더 많이 가지고 있었다. 그리고 이들 민주주의 국가는 군사력으로 국경선을

변경하려는 수정주의 세력이 아니었기 때문에(인도와 이스라엘은 좀 다르지만), 그리고 핵 사용에 대한 민주적 통제가 작동하고 있었기 때문에 핵이 실제 사용의 목적보다는 억지력으로 작동하고 있다는 믿음을 어느 정도 가질 수 있었다.

그런데 냉전이 종식되면서 소위 수평적 핵확산horizontal proliferation과 수직적 핵확산vertical proliferation이 동시에 일어나는데, 수정주의 세력인 북한이 핵을 갖게 되고, 이란도 핵개발을 시도하게 되면서 핵무기는 수평적으로 확산되었고, 중국과 같은 초강대국은 핵탄두의 숫자와 종류를 늘리고, 다기의 중장거리 운반체제의 개발에 박차를 가하면서 수직적 핵확산을 이끌고 있다. 중국은 주로 대도시와 산업시설에 핵 타격을 한다는 최소 억지 전략을 유지해왔으나 핵 능력이 고도화되면서 점차 군사시설과 군 관련 시설에 핵 타격을 하는, 이른바 전쟁 시 상대국의 공격으로부터 자국의 피해 및 손실을 최소화하는 것damage limitation을 목표로 타깃팅 전략의 방향을 선회하는 것이 아닌가 하는 의구심을 갖게 한다.

이러한 수평적 핵확산과 수직적 핵확산은 우리에게 매우 중요한 지역에서 수정주의 세력, 특히 러시아·중국·이란·북한으로 연결된 수정주의 연대에 상당한 군사적 이점을 제공하게 된다. 이제는 민주주의 국가의 핵 능력을 뛰어넘는 전체주의·수정주의 세력의 핵 능력이 아시아와 유럽에 널리 분포하는 새로운 그림이 그려지고 있다.

그리고 동아시아에는 핵을 보유하거나 공유하는 민주주의 국가는 단 하나도 존재하지 않는다. 러시아와 중국은 과거 제국의 부활을 꿈꾸며 '실지 회복' 및 영향권sphere of influence 구축을 꾀하고 있으며, 이 두 강대국에 더하여 잠재적 핵 국가인 이란과 북한이 연대하여 전략적·경제적 분업구조를 형성하고 있다. 이제 이 연대가 군사적으로 얼마나 가공할 만한 위협이 될 수 있는지 예를 들어보겠다.

민주주의 국가이며, 세계 반도체시장의 핵심적인 공급원인 대만을 중국이 병합하려 하는 상황을 상상해보자. 대만 유사시 중국의 재래식 미사일이나 핵미사일이 한국의 주한미군기지나 한국군기지를 타격하도록 타깃팅되어 있으면, 대만 유사시 미군이나 한미연합군이 대만으로 이동하거나 참전하기는 매우 어려울 것이다. 중국은 미국 본토를 향하는 전략 핵무기도 보유하고 있기 때문에 미국의 참전이 자칫 잘못하면 초강대국 간의 전쟁 혹은 세계대전을 야기할 수도 있다. 이에 더해 중국이 비군사적 전략과 군사적 전략을 섞어서 수위를 서서히 상승시키는 대만 병합을 진행한다면 대만에 대한 민주주의 국가의 지원은 리스크가 큰 군사적 지원보다는 오히려 중장기적으로 자국에 대한 경제적 피해를 최소화하는 위험 회피 전략으로 선회할 수도 있다.

따라서 러시아의 우크라이나 침공과 같이 핵 강대국이 비핵국가를 대상으로 재래식 공격을 하거나 압박 등으로 원하는 목표를 달성하고자 할 때, 핵 사용의 위협으로 다른 민주주의 강대국의 직접 참전을 막으면 핵 강대국은 훨씬 유리한 조건에서 전쟁을 수행하고 목표 달성을 할 수 있다. 핵 강대국이 핵무기 사용으로 향하는 긴장 수위의 상승 전략$_{\text{escalation}}$을 구사하게 되면 미국을 위시한 민주진영의 반격은 어려워진다. 이러한 선례를 이미 러시아가 우크라이나에서 보여주고 있으며, 전쟁의 수위가 더 상승되기 전에 휴전협상에 관한 얘기가 나오고 있다. 지금 전쟁은 우크라이나 국경선 안에서만 행해지고 있고, 러시아의 국민은 평시와 다름없이 일상생활을 하는 여유마저 보이고 있다. 핵 강국이 수정주의 세력이 되면 비핵국가에게 어떤 일이 벌어지는지를 생생하게 보여준다.

한편 북한, 이란 등으로 수평적 핵확산이 발생하면서 수정주의 핵 국가들은 서로 분업을 형성하면서 전략적 파트너가 될 수 있다. 예를 들어 중국과 러시아와 북한이 연대하여 동시다발적으로 핵무기 사용의 위협을 가하고, 이들 국가 중 한 국가가 대만이나 한국, 우크라이나의 병합을 시도한다면 미국은 유럽, 아시아의 민주 국가를 지키기 위하여 잠재적 핵전쟁의 전선을 여러 개 형성하여야 한다. 여러 국가에서 날아오는 핵무기를 앞에 두고 과연 미국 국민 중 얼마나 많은 사람이 동시 확장 억지를 지지할지 의문을 품지 않을 수 없다.

중국의 세력권 구축에도 대비해야

한국은 북한의 핵 위협뿐만 아니라 중국몽을 꾸는 핵 강대국인 거대 중국을 상대하여야 한다. 제국의 향수를 갖고 있는 국가는 주변에 제국의 영향권sphere of influence을 구축하려 하는 것이 일반적이다. 제국은 주변의 국가를 자신에게 충성을 바치는 위성국가로 만들어야 안심할 수 있다. 중국은 이제 시장이라는 무기와 더불어 군사력이라는 무기도 카드로 사용할 수 있다. 굳이 핵을 사용하지 않더라도 핵이 뒷받침하는 강제력coercion으로 자신이 원하는 지도를 그려갈 것이다. 이에 대해 한국이 강대국으로 부상하여 국제사회에서 그 지위를 인정받지 못한다면 중국은 한국을 파트너로 인정하지 않고 집요하게 세력권에 포함시키려 공략해올 것이다.

한국이 강대국이 되는 방법은 4차 산업혁명의 미래 시장에서 힘을 키우는 것에 더해, 동아시아의 민주주의 핵 강국이 되는 것이다. 미국이 유라시아 대륙에서 복수의 핵 전선을 동시에 상대하기 위해서는 이제 각 전선에서 민주주의 핵 동맹국이 필요한 시점으로 향해 가고 있다. 하나의 세계시장으로 연결된 자유주의 국제질서에서는 미국뿐만 아니라 동맹국 역시 큰 혜택을 보았고, 또 부강해졌기 때문에 미국은 이제 자유주의 국제질서를 수호하는 책임과 의무를 민주주의 강대국들과 가까운 미래에 더욱 공평하게 나누려 할 수 있다. 특히 트럼프 정부가 들어섰기에 그 경향은 생각보다 더욱 빨

라질 수 있다. 미국은 자국 국민의 희생에 못지않게 민주주의 동맹국 국민의 희생을 요구하는 확장 억지 체제의 민주화를 시도할지도 모른다. 물론 지금 확장 억지를 제공함으로써 생기는 영향력을 미국이 쉽게 놓지는 못하겠지만, 미국의 핵우산 아래에서 또 하나의 작은 핵우산을 펴겠다는 민주주의 강국이 나타나면 일정 부분 협상에 나설 수도 있다.

한반도에 아무리 전술핵을 배치해도 그 핵이 우리 것이 아니면, 그리고 그 핵 사용에 대한 권한을 미국이 가지고 있는 한, 우리의 핵 보복이라는 카드는 신뢰가 약해지게 되어 있다. 또한, 상대적으로 힘이 약해진 미국을 향한 수정주의 국가들의 전략 핵무기들이 여기저기서 늘어나고 있는 상황에서 미국이 국내 여론을 무시하고 자국의 핵을 안보 무임승차를 하는 동맹국에 제공하기는 쉽지 않을 것이다. 이것은 확장 억지력의 전반적인 약화를 의미한다.

우리가 핵무장을 한다고 하더라도 지금 당장 강행하는 것은 현명한 일이 아니다. NPT 체제가 건재한 이상 자체 핵무장은 국제사회의 제재를 받게 되어 있다. 그리고 핵무장으로 나아가는 과도기에 국제사회뿐만 아니라 수정주의 핵 국가와도 상당한 수준의 군사적·경제적 긴장 관계를 갖지 않을 수 없다. 따라서 우리의 전략은 핵무장이라는 카드를 계속 살려 놓으면서 NPT 체제가 흔들릴 때, 그리고 미국의 확장 억지가 흔들릴 때, 가장 신속한 방법으로 핵무장을 추진하는 것이다. 물론 우리가 가진 핵무기를 미국의 글로벌 확장 억지 체제의 한 부분으로 엮는 전략도 구상하고 있어야 한다. 이 전략이 실현되는 순간 한국은 그 어느 국가도 무시할 수 없는 명실상부한 강대국으로 부상하게 된다.

우리는 자체 핵무장이라는 카드가 있다는 점을 미국을 포함한 전 세계에서 인정받는 외교를 해야 한다. 최악의 순간 신속하게 핵무장을 할 수 있다는 의지를 전 세계에 알려야 한다. 우리가 먼저 핵무장 카드를 알아서 포기하는 우를 결코 범해서는 안 된다. 자체 핵무장 카드는 (여기서는 밝힐 수 없는) 다양한 창의적 방법으로 살려 놓을 수 있다.

[3부]

강대국 입구를 막아선 것들

1장

'예능 국가'로 향해 가는 대한민국

진영의 지지기반을 가져야 힘이 생기는 정치인들이 열성적인 팬을 절대 놓칠 리 없다. 이들은 인플루언서와 협업하거나 스스로 인플루언서가 되어 위험하고 자극적이고 감성적인 콘텐츠를 마구 생산하게 된다. 이른바 팬덤 정치의 탄생이다. 자극적인 정치의 양극단에 있는 팬들을 향한 팬덤 정치를 의미한다.

01
정치와 지식 세계의 타락

한국이 강대국이 되는 데 있어서 가장 큰 장애물을 들라면 수준 이하의 국내정치를 가장 먼저 꼽게 된다. 여야 간 막말 정쟁, 명분 없는 정치인의 단식, 살벌한 보복 공천 협박, 도를 넘는 문자 폭탄, 폭력과 혼탁이 난무하는 선거운동, 과학을 무시한 자극적 감성 동원, 실력보다 인기와 충성도 위주의 인물 발굴 등, 민생과 국가의 미래와는 그 어떤 접점도 찾기 어려운 국내정치의 장면들을 보면 당연히 국민은 정치를 멀리하게 되고, 지지하는 정당이 없는 무당층이 늘어날 수밖에 없다.

정치는 권력을 놓고 경쟁하고 싸우는 것이지만, 정쟁이 무한 정쟁이 되고, 수단과 방법을 가리지 않는 정쟁이 되면, 공공영역이 무너져 먹고사는 문제가 걸린 사적 영역에까지 심대한 악영향을 미친다. 국민의 주머니 사정은 날로 나빠지는데 정쟁을 일삼는 소위 나으리들은 국민 세금이 아까운 줄은 모르고 깃털같이 가벼운 정치로 국가의 시간과 자원을 낭비하고 있다.

이 장에서는, 한국 정치를 수단과 방법을 가리지 않는 무한 정쟁, 법과 윤리기준보다 인기와 팬심만 바라보는 예능 정치, 국가의 미래 어젠다를 논하기보다는 근시안적 선거전략만을 논하는 가벼운 정치를 낳은 대한민국의 '예능 국가화'에 대해서 지적해보고자 한다. 미래 지향적이어야 하고, 끊임없는 학습이 필요한 정치의 영역이 어떻게 소설 제목처럼 '참을 수 없는 존재의 가벼움'으로 변화했는지, 그 시대적 배경과 원인을 살펴보고자 한다.

물론 이 예능 국가화는 우리나라만의 현상은 아니다. 하지만 남보다 빠른 IT 테크놀로지의 도입과 대중문화산업의 급성장으로 인하여 다른 나라에 비해 예능 국가화의 부작용이 더욱 빨리, 심하게 나타났다. 이에 더해 예능 국가의 부작용을 견제하고 치유하는 역할을 해야 할 지식 세계가 오히려 같이 예능화 되어가면서 진리와 진실보다는 자극과 인기, 감성과 재미를 앞세워 가볍고 왜곡된 정보의 사회적 범람을 허용하고 있다. 검증과 비판이 제대로 작동하지 않는 지식 세계는 그 존재 의의를 상실한 것이다.

02
빠른 정보화에 이은 '모니터 사회'의 출현

한국은 세계에서 가장 먼저, 가장 넓게 IT 테크놀로지를 도입하고 일상화시킨 국가라고 할 수 있다. 1997년 이른바 IMF 금융위기를 극복하는 과정에서 벤처 붐이 생겨났고, 그 벤처 붐이 위기의 대한민국을 IT 강국으로 업그레이드시키는 데 일조하였다. 재벌 가문이라는 사회·경제적 배경 없이 대학을 졸업한 우수한 인재들이 모험심과 실력, 그리고 피땀만으로 굴지의 IT 회사를 만들어나갔고, 정부는 이들이 성장할 수 있도록 과감한 투자와 지원을 하였다.

그 덕에 우리나라는 21세기 초 세계에서 가장 인터넷 접속이 잘 되는wired 국가라는 명성을 얻었고, 네이버와 다음 같은 공룡 플랫폼 재벌이 탄생하였다. 2023년 중국 항저우 아시안 게임에서 e스포츠로 금메달을 딸 수 있었던 것도 다른 나라보다 일찍 시작된 정보화의 덕이라고 할 수 있다.

이렇게 일찍 시작된 정보화로 인하여 한국인은 21세기에 들어서서 그 어느 나라 사람보다 훨씬 먼저 컴퓨터 안의 가상공간에 익숙한 국민이 되었다. 국민 대부분은 아침에 일어나서 밤에 잠들 때까지 컴퓨터 스크린이나 스마트폰 화면, 거리의 선전용 스크린까지 종일 컴퓨터 화면 속에서 생활한다. 아침에 일어나면 스마트폰이나 컴퓨터로 뉴스와 문자를 확인하고, 출근길에서도 스마트폰으로 다양한 콘텐츠를 소비하고, 회사에서도 컴퓨터 화면 속에서 하루 내내 작업하고, 틈틈이 주식투자도 하고, 게임도 한다. 퇴근하면서도, 집에 와서도 잠들기 전까지 컴퓨터 화면 안에 들어가 있다. 직장에 다니지 않는 주부와 노인들, 학생들의 생활 패턴도 크게 다르지 않다.

소셜미디어라는 서비스가 등장하면서부터는 유튜브나 페이스북, 인스타그램 때문에 컴퓨터나 스마트폰 화면에서 더욱 눈을 떼기가 어렵게 되었고, 신세대 젊은이들은 인스타그램과 같은 가상공간이 주 공간이고 실제 공간은 가상공간에서 나를 보여주기 위해 활용하는 부수적 공간일 뿐이라고 말하기까지 한다.

이렇게 우리의 몸은 실제 공간에 존재하지만, 우리의 의식과 두뇌는 하루의 대부분을 크고 작은 컴퓨터 모니터 속에서 보낸다. 이러한 사회를 '모니터 사회'라고 개념화할 수 있는데, 이렇게 생겨난 모니터 사회에서는 이 모니터라는 작은 공간을 지배하는 자가 인간의 생각과 감정을 지배하여 세상을 지배하고, 궁극적으로 돈과 영향력을 얻게 된다. 욕심과 야심을 가진 사람들이라면 온종일 모니터에서 사는 대한민국 국민의 관심과 인기와 사랑과 중독을 얻어낼 방법을 연구하는 것이 너무나 당연한 일이다.

03
어떻게 모니터를 지배하는가?

모니터 사회의 등장과 소셜미디어의 확산은 이 시대를 살아가는 젊은이들에게 새로운 기회의 창을 열어주었다. 그건 바로 거의 누구나 가질 수 있는 컴퓨터라는 생산수단의 보급이다. 마르크스는 자본주의에서 거대한 공장이라는 생산수단을 보유한 사람들을 부르주아라고 불렀고, 이들은 이 생산수단에 인간의 노동력을 접속시켜 노동력 착취에 의한 이윤을 남기는 계급이라고 하였다. 노동자계급은 생산수단을 보유할 정도의 자본이 없기 때문에 그들의 노동력을 팔아 생계를 유지할 수밖에 없고, 그 과정에서 그들의 노동력이 착취당한다는 것이 마르크스의 주장이다.

그런데 전자산업과 기술의 발달, 대량생산은 컴퓨터라는 생산수단을 소형화·고도화시켜 이제는 거의 누구나 이를 소유할 수 있는 세상이 되었다. 손안의 작은 컴퓨터, 책상 위의 작은 컴퓨터를 통하여 이제 누구나 노력만 하면 모니터 안에 유통할 수 있는 콘텐츠 상품을 만들어낼 수 있고, 그 공정의 특성상 자기 스스로의 노동력만으로도 상품을 만들어 이윤을 창출할 수 있게 되었다. 이 시대의 개인은 자기 안에 부르주아와 프롤레타리아라는 두 개의 계급을 동시에 다 가지게 된 셈이다.

현재 우리 모니터 사회에서 콘텐츠 시장을 장악한 곳은 기존 대형 레거시 미디어산업에 더해 소셜미디어, 특히 유튜브시장인데, 이 시장은 개인의 이윤 창출이 가능하기 때문에 무수히 많은 신세대 젊은이들이 큰돈 들이지 않고 이 시장에 뛰어들었고, 이제는 기성세대 역시 적극적으로 참여하고 있다. 물론 이 시장에서 성공하기 위해서는 초기에 자기 노동력을 착취해야 하는 부작용이 있지만, 어느 정도 성공하면 이곳도 기업화의 과정을 겪는다. 이 콘텐츠 시장이 바로 모니터를 장악하는 공간이고, 이 모니터를 장악하기 위해서는 자기의 모니터 공간에 접속하는 대규모의 콘텐츠 소비자를 끌어들여야 한다. 즉 소비자들이 좋아하고 집중하고 중독되는 콘텐츠를 생산해야 지속적인 수익을 창출할 수 있다.

그렇다면 어떤 콘텐츠를 생산해야 소비자들이 좋아하고 집중하고 중독되어 계속 찾아올까? 대개 이런 콘텐츠는 몇 가지 특징을 가지고 있다. 첫째, 콘텐츠가 직관적이고 길이가 짧아야 한다. 수많은 콘텐츠가 경쟁하는 모니터 사회에서는 콘텐츠 내용이 복잡하고 지루하면 소비자가 바로 다른 콘텐츠로 갈아탄다. 신세대 사이에서 돌풍을 일으킨 틱톡이라는 소셜미디어는 짧고 재미있는 동영상으로 성공한 플랫폼이다. 인기 있는 유튜브 콘텐츠도 대부분 직관적이고 짧다. 현대 사회의 문제는 매우 복잡하게 얽혀 있기 때문에 직관적으로 단순하게 짧은 시간에 소개하고 분석하기 어려움에도 불구하고 시장에서는 소비자를 잡기 위해 짧고 단순하고 과감하고 자극적인 콘텐츠를 주로 만들게 된다.

둘째, 콘텐츠의 깊이보다는 재미, 정확도보다는 솔깃함과 그럴듯함, 점잖음보다는 통쾌함, 균형감보다는 극단성을 추구하게 된다. 즉 이성의 영역이 아니라 감성의 영역을 공략한다. 이러한 콘텐츠는 예능인이 아니더라도 콘텐츠 생산자를 예능인과 같은 스타로 만들고 적극적인 팬층을 확보할 수 있도록 한다. 비예능인이 예능의 세계로 들어서는 길이다. 작은 컴퓨터 화면 속에서 스타가 탄생하고, 그 스타는 팬들을 향해서 정치, 경제, 사회, 문화 등에 관해 매우 위험하고 과감한 메시지들을 던지면서 모니터 사회를 예능 사회로 만들어 간다.

셋째, 예능의 공간은 감성의 공간이기 때문에 인기가 도덕과 윤리보다 상대적으로 더 중요하다. 스타에게 매우 관대한 팬심이 존재하고, 또 보호본능도 작동한다. 열성 팬들에게는 도덕과 준법정신과 윤리보다 공감과 재미와 위로가 더 중요하며, 나의 스타와 영웅을 지켜야 한다. 이들 스타는 굳이 국민적 스타가 아니더라도, 열성적으로 나를 지지해주는 크지는 않아도 강력한 팬덤을 중요하게 여긴다.

모니터 사회에서 자극적인 콘텐츠들이 주로 유통되면 사회적 문제를 공론화하여 진지하게 토론하고, 합리적이고 이성적으로 해결책을 찾아, 인내심을 가지고 민주적으로 타협하는 근대사회의 민주주의 정치과정이 설 자리를 잃게 된다. 야심과 욕심이 있는 사람들은 각기 자기 분야의 전문가가 되기 위해 노력하기보다는 스타나 인플루언서가 되는 것을 더 선호한다. 그래야 고소득이 창출되고 영향력이라는 파워까지 생기기 때문이다. 특히, 진영의 지지기반을 가져야 힘이 생기는 정치인들이 열성적인 팬을 절대 놓칠 리 없다. 이들은 인플루언서와 협업하거나 스스로 인플루언서가 되어 위험하고 자극적이고 감성적인 콘텐츠를 마구 생산하게 된다. 이른바 팬덤 정치의 탄생이다. 자극적인 정치의 양극단에 있는 팬들을 향한 팬덤 정치를 의미한다.

누구나 콘텐츠 생산수단을 가지고 있고, 누구나 언제 어디서나 모니터에 접근할 수 있는 모니터 사회는 이제 예능으로 물들고, 국가 전체가 예능 국가로 변해가고 있다. 사회문제가 복잡하고 어려워지는데, 그 문제를 대하는 사람들의 태도는 오히려 단순하고 감성적이고 예능적이다. 예능 포퓰리즘이 생겨날 수밖에 없다. 두터운 팬덤과 영향력을 확보하는 데 있어서 어렵고 지루한 윤리와 도덕과 전문성보다 나만의 팬을 향한 재미있고 자극적인 콘텐츠가 더욱 중요하기 때문이다. 정치인들이 막말을 해도, 법을 어겨도, 전문성이 없어도, 자기 진영에서 강력하고 열성적인 팬을 확보한 예능인이 되면 선거에도 이기고, 위기에 처했을 때 팬들이 구해주기 때문에, 예능 정치인으로의 유혹은 이겨내기가 쉽지 않다. 정치인뿐만 아니라 지식인 세계도 마찬가지이다. 나를 알아주는 팬들이 많으니 그 유혹은 엄청나다.

04
공공영역을 무너뜨리는 예능 국가화

근대 국가는 시장이라는 사적 영역에서 기업과 국민이 적극적으로 경제활동을 할 수 있도록 도와주는 공공영역을 담당한다. 인기가 생명인 예능 국가에서는 인기라는 단어가 들어간 포퓰리즘이 횡행하게 되어 법치와 치안, 미래 지향적이고 전문적인 정책, 효율적인 인프라 관리 등 공공영역이 설 자리가 좁아지고 국가 예산이 엉뚱한 곳으로 어처구니없이 흘러가게 된다. 공공영역이 제대로 작동하지 않으면, 불확실성이 커져 시장도 제대로 작동하지 않게 되고, 이러한 기간이 길어지면 나라는 쇠퇴의 길을 걷게 된다.

그래서 한국이 강대국으로 진입하기 위해서는 예능 국가화를 잘 관리해야 한다. 테크놀로지의 발전과 대중문화산업의 발전으로 인하여 어느 정도의 예능화는 불가피하지만, 그 예능이 공공영역을 침식해 들어오는 것은 막아야 한다. 그러기 위해서는 학계와 언론계를 포함한 지식인 사회가 철저한 직업정신을 발휘하여 예능 정치인, 예능 전문가에 대해 확실한 견제와 검증 작업을 하고, 세계적인 경쟁력을 갖는 존경받는 지식 세계를 만들어야 한다. 양극단의 팬덤 정치에 질린 중도의 지식인들을 끌어들여야 한다. 지식인들의 역할이 그 어느 때보다 중요한 시대가 되었다. 대한민국이 강대국으로 들어서는 길목에서 지식인이 약하면 나라도 약해진다.

2장

디지털 전환과 녹색 전환을 넘어 세대 전환으로

———
세대교체는 기존 세대와의 갑작스러운 단절로 생기는 것이 아니다. 시대에 대한 확고한 철학을 가진, 미래 지향적이며 유능하고 건전한 기성세대가 새로운 세대를 밀어주고 끌어주면서 함께 세대 전환, 시대 전환을 해야 한다. 세대교체가 아니라 세대 전환이라는 말을 쓰는 이유가 이것이다.

01
이권 카르텔의 탄생

모든 인간에게는 욕망이 있다. 사회생활을 하다 보면 권력을 잡고 싶고, 대부호가 되고 싶고, 남의 위에 서고 싶고, 과시하고 싶고, 남들보다 편안하게 살고 싶은 욕망이 도처에서 보일 것이다. 이러한 욕망이 그리 좋아 보이지도 않지만 그렇다고 반드시 나쁜 것은 아니다. 오히려 인간의 욕망을 가치 중립적으로 보고, 이 욕망을 어떻게 좋은 쪽으로 발현하게 할지 연구하고, 그러한 시스템과 제도를 만드는 것이 인류의 진보를 가능하게 한다. 예컨대, 자본주의 시장이라는 제도는 내가 남의 욕망을 채워주면서 나의 욕망을 동시에 달성하게 하는 시스템이다. 내가 사람들이 좋아할 만한 운동화를 만들면, 그 운동화가 좋아서 사는 사람으로부터 금전적인 보상을 받는다. 내가 사람들이 좋아할 만한 음식을 만들면, 그 음식을 먹고 행복해하는 사람이 역시 금전적으로 나에게 보상한다. 나는 수익을 올려 행복하고, 손님은 맛있는 음식을 먹어 행복하다. '윈윈의 시스템'이다. 이 윈윈의 시스템 덕분에 지금의 우리는 과거 그 어느 때보다 풍요롭고 자유롭고 평화로운 시기를 보내고 있다.

반면, 윈윈의 시스템이 고안되었다 하더라도, 자신의 욕망을 남들보다 쉽게, 훨씬 많이, 훨씬 오래 챙기려는 사람들이 생긴다. 인생을 윈윈이 아니라 제로섬으로 생각하는 사람들이다. 물론 이러한 탐욕의 추구를 방지하기 위하여 투명성transparency과 설명 책임accountability, 상호 견제check and balance 등의 장치를 만들고, 시대에 맞는 법질서를 구축하지만, 욕망이 많을 뿐만 아니라 지능도 좋은 사람들이 이러한 장치들을 우회하고 억누르는 방법들을 생각해낸다. 그래서 생겨난 것이 요즘 유행하는 말인 '이권 카르텔'이다.

같은 욕망을 공유하는 사람들이 어떤 명분을 만들든, 공통점을 찾든, 공범이 되든, 자기들만의 이권 사다리를 만들어 배타적으로 욕망을 서로 채워주는 집단을 이권 카르텔이라고 정의할 수 있다. 학연·지연을 중심으로 하든, 보수나 진보와 같은 이념과 명분을 중심으로 하든, 특정 직업군을 중심으로 하든, 배타적인 이권 카르텔이 생겨나면, 그 안에 속해 줄을 잘 타는 사람들은 쉽게 이익을 보고 그 밖에 있는 사람들은 불공정의 희생양이 된다.

그리고 이권 카르텔 안에 있는 사람들은 그 카르텔을 영구히 지속하기 위하여 공동으로 벽을 쌓고 수성하는 수구적인 세력이 된다. 처음에는 개혁적인 차원에서 뜻을 모으고 서로 협력하는 공동체에서 시작하였을지 모르지만, 세월이 지나면서 그 공동체가 이권 카르텔로 변화하면서 개혁적이었던 세력이 수구적인 기득권 세력으로 변한다. 이러한 이권 카르텔과 기득권이 여기저기서 강력한 성을 구축하면 이들의 세계관은 미래가 아니라 현재와 과거의 명분과 정통성 중심으로 강화되며, 카르텔을 깰 수 있는 국제적인 개방과 경쟁을 배제하기 위하여 국내 지향적인 성향을 갖게 된다. 대한민국과 같이 시장과 땅덩어리, 자원이 작고 척박한 국가는 실력 위주의 인재 선발로 끊임없이 미래의 시장을 개척하고 세계시장에서 경쟁해야 하는데, 수구적 이권 카르텔이 강화될수록 미래가 아니라 과거, 세계가 아니라 국내에서, 조선 시대 당파싸움 같은 쓸데없는 분쟁에 국가의 자원과 에너지와 시간을 낭비하게 된다.

이권 카르텔은 공정한 경쟁의 공간이 아니라 카르텔을 끌고 나가는 지도자와 그 안에서 지도급 인사에게 잘 보여 출세하려는 추종자들로 채워져 있기 때문에, 실력보다는 충성, 의리, 투쟁력 등이 더 중요시되고, 그러다 보니 카르텔의 수장을 중심으로 전근대적인 위계조직이 생긴다. 열린 사회에서 공정한 경쟁과 보상체계, 그리고 모두에게 예외 없이 적용되는 법체계와 청렴한 공공영역이 있어야 조직과 공동체와 나라가 미래로, 세계로 뻗어 나가는데, 공사 구별 없이 닫힌 전근대적인 카르텔의 사회에서는 국가가 동력을 잃고 침체기로 들어선다. '더 큰 대한민국'이 아니라 더 작은 대한민국으로 찌그러든다.

국가적 범위와 수준에서 형성된 카르텔의 가장 위험한 폐해는 바로 시스템이라는 공공영역을 무너뜨리는 데 있다. 공사 구별이 안 되고, 법에 자기들만의 예외가 생기고, 국가를 카르텔의 이익 실현의 도구로 사용하고, 실력과 자격에 상관없이 자기 카르텔의 사람을 요직에 앉히고, 기존의 제도를 다 무시하고 붕괴시킨다.

국가에 운이 있다면, 이럴 때 등장하는 것이 바로 강력한 개혁세력이다. 개혁세력은 기득권의 카르텔을 무너뜨리거나 약화시키고, 그 대신 공정하고 합리적인 새로운 시스템을 만들기 위해 현실에 뛰어든다. 세계가 하나로 연결된 근대 이후의 시대에서 개혁세력은 국제사회에서 경쟁력을 갖고 살아남기 위하여 선진국으로부터 배우고, 과거가 아니라 미래를 보고, 글로벌 스탠더드를 적용하여 국내 및 세계무대에서 활약하며, 연줄이 아니라 실력으로 출세의 사다리를 올라간다. 올림픽 때마다 우리나라의 양궁이 세계 최고임이 증명되는 이유가 연줄과 카르텔이 아닌 실력으로 국가대표를 선발하고 세계무대에서 실력을 검증받는 시스템 때문이다. 국가에도 그와 같은 시스템을 갖추려는 세력이 근대화 이후의 개혁세력이다.

그런데 이 개혁세력이 기득권 내부에서부터 나오는 것은 매우 어렵다. 배신과 반역이라는 전근대적 꼬리표가 붙기 때문이며, 과감하게 동참하려는 세력을 찾기가 쉽지 않기 때문이다. 새로운 모험과 도전을 하기보다는 있는 것을 지키는 것이 리스크도 적고, 관련 노하우도 많다. 민주주의 국가의 정치 영역에서는 양극단으로 진영화한 정치·경제세력들이 이러한 이권 카르텔이다. 잘하는 것보다 잘 지키는 것이 더욱 중요한 세력들이다. 진영의 모임은 더 나은 대안을 찾는 토론장이 아니라 단합대회일 뿐이다. 그래서 개혁세력은 다른 곳에서 나와야 한다. 세대교체가 필요한 이유다.

02
절박한 세대 전환

인류 역사에는 이전 질서가 새로운 질서로 변화하는 패러다임 전환 시기가 존재한다. 우리에게는 전근대에서 근대로 전환되는 19세기 말에 패러다임 전환이 있었고, 지금 또 한 번의 패러다임 전환을 경험하고 있다.

패러다임 전환이 생길 때 기존 기득권 세대는 기왕의 패러다임, 즉 그때까지 통했던 세계관과 교육, 경험, 방식으로는 새로운 시대를 제대로 이해하고 대처하지 못한다. 그래서 새로운 세력이 나와서 나라를 이끌어야 한다. 그리고 그 세력은 대개의 경우 새로운 세대가 담당하게 된다. 이들은 아직 생각과 마음이 열려 있는 세대이고, 기득권이라는 이권 카르텔로부터 비교적 자유로운 세력이며, 아직 달성하지 못한 욕망을 펼칠 새로운 기회의 창을 볼 수 있기 때문이다. 시대와 패러다임의 전환은 자유롭고 도전정신이 있는 새로운 세대가 만들고 촉진하고 담당할 수밖에 없는 이유이다.

이를 증명하기 위하여 이전 패러다임 전환의 시기에 새 시대를 열기 위해 선구적인 지도력을 발휘한 인물들의 나이를 한번 살펴보자. 물론 시대적 배경과 조건이 각기 다르므로 일률적으로 지금과 비교하기는 어렵지만, 그들의 나이와 개혁 업적은 지금 대한민국에 시사하는 바가 크다. 우선, 삼일천하로 개혁 시도는 실패하였지만, 근대화의 물결이라는 패러다임 전환을 보고 1884년 갑신정변을 일으켜 근대화 개혁을 추진한 급진 개화파들의 평균 나이는 20대 초반이었다. 그들 중 서재필은 19세였고, 가장 나이가 많았던 김옥균이 유일하게 30대였다. 평균수명이 짧았던 시대라 하지만, 당시 장유유서의 질서에서 보면 급진적인 일이라고 아니할 수 없다.

이들의 근대화 개혁이 실패한 후, 자체적으로 근대화 개혁에 본격적으로 나선 이들은 1961년 5·16 군사쿠데타 이후에 정권을 잡은 근대화 군부세력이다. 이들이 후일 대한민국 보수세력의 뿌리가 되지만, 당시에는 패러다임 전환을 추진한 개혁세력이었다고 할 수 있다. 이들 근대화세력의 지도층으로 등장한 박정희는 당시 46세에 대통령이 되었고, 김종필은 30대에 중앙정보부를 만들고 공화당 창당 작업을 하였다. 그가 국무총리가 된 때도 40대였다. 대한민국 산업화의 기초를 제공한 포항제철은 박태준이 40대에 키웠고, 정주영은 30대에 현대그룹을 일구기 시작했으며, 이병철은 40대에 삼성그룹을 본격적으로 확장하였다. 물론 이들의 근대화 개혁에는 명암이 공존하였지만, 새로운 시대를 만든 개혁세력이 새로운 세대에서 나온 것만은 틀림이 없다.

한국 정치의 패러다임을 바꾼 소위 민주화세력도 모두 젊은 개혁세력 중심이었다. 반독재 투쟁의 선두에는 항상 대학생이라는 젊은 세대가 있었다. 대한민국 민주화의 선구자라고 할 수 있는 김영삼과 김대중은 '40대 기수론'이라는 기치로 일찍이 40대부터 대통령 후보와 정치 지도자의 반열에 올라섰다. 당시 40대 기수론을 주장하면서 대권에 도전한 김영삼의 나이는 불과 41세였다. 이들과 함께 민주화운동에 뛰어들었던 대학생들은 후에 386이라는 별칭이 말하듯 30대에 이미 민주화의 리더가 되었고, 후일 진보진영의 기득권을 차지하게 된다.

디지털 전환에 선구적 역할을 한 한국의 IT 세대도 다들 20대와 30대에 패러다임 전환을 시도했다. 안철수는 20대 후반에 컴퓨터 바이러스 백신을 개발했고, 30대에 안랩을 키웠으며, 40대에 대선후보급으로 정계에 진출했다. 이해진이 30대 초반에 네이버를 설립했으며 이재웅도 20대 후반에 다음을 창업했다. 대한민국을 세계적인 문화강국으로 만든 K-팝의 아버지 이수만은 30대에 기획사라는 음악산업의 새로운 패러다임을 만들었고, JYP를 세운 박진영도 20대에 기획사를 설립하였다. 방송국 시스템이라는 기득권을 깨고 새로운 음악산업의 패러다임을 도입한 서태지도 20대에 '서태지와 아이들'을 결성하여 기존 체계에 도전장을 던졌다.

우리나라뿐만 아니라 세계적으로도 시대의 전환과 새로운 동력의 창출은 젊은 세대로부터 시작되었다. 디지털 전환이라는 대전환의 단초를 만든 빌 게이츠는 20대 초반에 마이크로소프트를 창업하고 키웠으며, 스티브 잡스 역시 20대에 애플을 창업하고 키웠다. 일본 근대화를 선도한 메이지유신의 주역들도 30대와 40대에 활약한 혁명가들이다.

지금 세계는 디지털 전환(DX)과 녹색 전환(GX)이라는 거대한 전환의 시기를 맞고 있다. 러시아와 중국의 현상변경 시도로 국제질서와 지정학 구도도 흔들리고 있다. 먼저 난 자가 나중 난 자보다 경쟁력이 없는 새로운 시대로 접어들어, 세계는 대전환의 몸살을 앓고 있다. 그렇지만 우리는 아직도 먼저 난 기득권 세대가 보수와 진보라는 진영의 이권 카르텔을 만들어 정권교체와 함께 이권 카르텔을 주고받고 있다. 진보진영이든 보수진영이든 변화하는 세계를 말하고, 미래를 준비하고, 새 시대를 향하는 비전을 내세우는 세력을 찾아볼 수가 없다. AI가 세상을 바꾸는데, 우리에게는 '오픈AI'의 샘 알트먼이나 '테슬라'의 일론 머스크 같은 창업자가 보이지 않는다.

이렇게 계속 가다 보면 대한민국은 기득권 카르텔에 의해 동력을 상실하고 침몰할지도 모른다. 우리가 명실상부하게 선진 강국으로, '더 큰 대한민국'으로 자리 잡기 위해서는 디지털 전환과 녹색 전환을 이끌고 대처할 수 있는 그래서 다시 대한민국에 활력을 불어넣을 수 있는 젊은 세대로의 세대 전환(GX2)이 절실하다. 지금 우리의 젊은 세대는 세계무대에서 속속 증명하듯이 단군 이래 가장 경쟁력 있고, 뛰어나고, 자유롭고, 글로벌한 소위 선진국의 '황금세대'이다. 이제 대한민국에는 세대 전환이 답이다. 국민은 이권 카르텔을 수성하려고만 하는 기득권의 행태에 질리고 지쳤다. 그들로부터는 희망이 보이지 않는다. 합리적인 민주주의 주도세력이라고 할 수 있는 중도 유권자와 이들의 여론이 이제 세대교체에 힘을 실어주어야 한다.

그리고 세대교체는 기존 세대와의 갑작스러운 단절로 생기는 것이 아니다. 시대에 대한 확고한 철학을 가진, 미래 지향적이며 유능하고 건전한 기성세대가 새로운 세대를 밀어주고 끌어주면서 함께 세대 전환, 시대 전환을 해야 한다. 세대교체가 아니라 세대 전환 Generational Transformation: GX2이라는 말을 쓰는 이유가 이것이다.

3장

권력투쟁 명분이
되어서는 안 될 국제정치

국제사회 안에서 복잡한 가치사슬로 엮인 시장이 바로 우리의 생명줄을 잡고 있는 국제시장이고, 대한민국은 이 국제사회와 국제시장에서 선진강국으로 성장하여왔다. 명분론에 입각한 반일과 반미, 실리 균형 외교는 우리 국익을 증진시키는 진짜 실리외교가 아니라 국제사회에서 왕따가 되는 길이다.

01
'반일'은 언제 따져야 하는가?

요즘 우리 정치권에 반일·친일의 프레임을 동원하여 정치적인 적대세력을 '친일파', '토착왜구' 등으로 명명하는 저항 민족주의의 바람이 다시 불고 있다. 정치권·정부·학계에 누가 친일인지를 보여주는 도표나 명단도 돌아다니고, 심지어는 거대 야당에서 '친일인사 공직 임명 방지' 특별법 당론이 발의되기도 하였다. 마치 해방 직후의 모습을 보는 듯한 착각을 불러일으킨다. 정치권의 반일 분위기를 보면, 당장 내일이라도 일본의 자위대가 침략해올 것 같고, 일본 내에서 군국주의 열풍이 전국을 휩쓰는 듯한 느낌이다. 19세기 제국주의가 부활하여 전 세계를 다시 전쟁의 소용돌이로 몰아넣기라도 할 듯이 받아들이는 분위기다.

그들은 국제정세가 정말 그렇게 돌아가고 있다고 판단하지는 않을 것이다. 너무나 터무니없기 때문이다. 반면 만약 사상 검증용으로 누가 불순한 사상을 가지고 있는지 구별하기 위하여 이런 일이 벌어지고 있다면, 이는 매우 위험하다. 친일·반일은 나치즘과 같은 사상의 범주도 아닌 단순히 어느 쪽이냐를 구별하는 이분법이다. 일본과의 전운이 감도는 가운데 일본에 대한 인식의 문제로 내부의 적을 가리는 일이라면 이해할 수 있지만, 일본과 자유롭게 왕래하며, 유학도 오가고, 연휴 때 가장 많이 놀러 가고, 무역도 자유롭게 하고, 관광을 가면 싸고 맛있고 안전하다고 생각한다는 곳이 일본일진대, 지금 친일이냐 반일이냐를 놓고 정치권에서 성분 검증을 한다는 것이 과연 정상인가.

물론 '한일 과거사'에 대해서 양국이 제대로 된 인식을 갖는 것은 중요한 일이다. 게다가 비극적인 역사가 되풀이되지 않도록 역사로부터 교훈을 얻고, 항상 경계를 늦추지 않는 태도도 필요하다. 하지만 역사 논문이나 사회과학 논문을 써본 사람이라면 알겠지만, 역사라는 것이 너무나 복잡하게 얽힌 인간사이고, 어떤 사건의 원인과 결과를 가리는 것도 쉬운 일이 아니며, 시대의 맥락에 따라 선악을 구분하는 기준도 바뀐다. 수많은 세력과 변수가 얽혀서 벌어지는 국제관계에서 선악과 올바름을 칼로 무 베듯 간단하게 재단할 수 있다면, 학문이 존재할 필요도 없을 것이다.

그래서 당장 일본이라는 제국주의·군국주의 국가가 한국을 식민지로 만들려는 일촉즉발의 상황이 아니라면, 역사 인식의 문제는 양국 학자들이 학문적인 양심과 방법론의 정치함을 가지고 토론하고 논쟁하면서 합의를 이루어나가는 것이 민주주의 국가 간에 할 일이라 생각한다. 한국·일본 모두 국제사회의 선진국 대열에 들어선 시점에서 전쟁 상황도 아닌데 사상 검증하듯 친일·반일을 가려내려 한다면 이는 민주주의와 인권에 역행하는 일이다. 특히 진보세력이 이러한 일을 하면 곤란하다.

일본이 한국을 근대화했다고 주장하는 일군의 학자나 사람들이 지금 한국을 일본에 팔아먹으려고 난리 치는 것도 아니며, 그렇다고 그 반대의 주장을 하는 사람들이 정말로 민족주의적으로, 독립적으로, 일본과 절연하여 살지도 못하는 것이 민주주의 자유시장경제 시대인 오늘의 현실이다. 양쪽 모두 대한민국을 지금의 선진국으로 올려세운 위대한 국민의 한 부분일 뿐이다. 정말로 우리 국익을 포기하고 나라를 외국에 팔아먹으려 간첩 활동 혹은 그에 준하는 활동을 하는 사람이 있을 때, 그때는 친일뿐만이 아니라 친미, 친중, 친러, 친북 등의 구별 없이 철저히 가려내야 한다.

02
'반일'이라는 명분론

윤석열 정부 들어서 이렇게 친일·반일 프레임에 불이 붙은 것은 소위 '뉴라이트'라고 불리는 인사들이 민족주의를 강조하는 국가기관의 주요직에 임명된 것이 계기인 듯하나, 얼마 전까지 선진국을 이루었다고 자랑하던 정치세력이 마치 해방정국을 재현하듯 약소국 때의 모습을 보이는 것도 실망스러운 일이다. 사회통합을 이루어 자유시장경제에서 다 같이 경쟁도 하고 협력도 하며 잘사는 것이 선진국이라 할 수 있는데, 사상 검증하듯 한쪽은 아예 정치 참여 자체를 배제하자는 정치세력이 있다면 이 세력이 과연 인권과 '따뜻한 자본주의'를 외치는 진보세력이라고 할 수 있는지 모르겠다.

해방 이후 저항 민족주의를 정권 정당성의 기반으로 삼아온 역대 정권이 모두 반일·친일 프레임에 민감했던 것은 사실이지만, 대한민국이 선진국으로 발전하면서 저항 민족주의의 기운은 약화되고 오히려 세계화로 나아갔다. 진보 정부였던 김대중 정부에서는 미래 지향적인 김대중-오부치 공동선언을 이끌어내면서 친일·반일 논란은 그 위력이 현저하게 줄어들었고, 드라마 〈겨울연가〉의 배용준 배우에 열광하는 '욘사마' 열풍 등, 한류 바람이 일본 내에서 불면서 저항 민족주의는 서서히 극복되는 듯하였다.

그런데 박근혜 정부의 위안부 합의 파문과 사법 농단 파문과 같은 사건을 확대시켜, 친일·반일 프레임을 다시 적극적으로 활용한 것은 문재인 정부 당시의 소위 진보세력이라고 할 수 있다. 대한민국이 민족주의를 넘어 자유주의 국제질서에 가장 깊숙이 들어왔던 시기에 전근대 시대의 '죽창가' 구호까지 등장하였고, 첨단기술에서 일본을 이기겠다는 극일 구호가 등장한 것은 물론, 이것을 계기로 국내정치에서 토착왜구를 몰아내겠다는 운동으로까지 몰고 갔다. 이는 아직도 전근대적인 '명분론'이 선진국 대한민국에 사는 우리의 사고를 지배하고 있기 때문이고 이를 권력투쟁의 도구로 사용하려는 정치인들이 있기 때문이라고 생각한다.

지금의 친일·반일 논쟁이 왜 명분에 대한 집착인지, 그리고 그 명분론이 얼마나 허망하고, 또 단순한 권력욕을 멋지게 포장한 포장지에 불과한 것인지 성찰하기 위하여 우리는 명청 교체기에 있었던 인조반정을 되돌아볼 필요가 있다. 제국(명과 청)의 종번관계 속에 있는 번국(조선)이 제국 지배세력의 권력 혹은 정권교체(명에서 청으로)로 세상이 바뀌었음에도 불구하고 '친명'을 해야 한다는 명분에 집착하면 어떤 일이 벌어지는지를 명확하게 보여주는 사건이 인조반정과 그 이후 벌어진 청의 조선 압박, 인조의 굴욕, 그리고 권세가들의 비겁한 처세들이다.

1623년 인조가 반정에 성공한 후, 광해군을 폐위해야 하는 이유로 광해군의 10가지 죄악을 제시하였다. 그 죄상 중 하나가 광해군이 임진왜란 당시 조선을 구해주었던 명의 재조지은을 잊고 오랑캐인 후금(청의 전신)에 성의를 베풀었다는 것이다. 그래서 인조는 즉위 후 세상의 변화와는 거꾸로 숭명배금(친명반청)의 외교정책을 취했고, 그 명분론적 오판으로 조선과 인조는 새로운 중화제국의 주인인 청으로부터 군사적 침공과 모욕·굴욕을 당하게 된다.

새로운 국제정세의 변화를 받아들이려 하지 않고, 인조는 성리학적 가치관과 명분을 내세워 친명 외교정책을 복원하고, 자신의 지지자들과 함께 후금과 전쟁을 치를 준비도 하고, 심지어는 여진을 정벌한다는 계획까지 세운다. 명나라에 충성해야 한다는 사대부세력인 서인을 중심으로 친위 정치체제를 구축하고, 광해군을 지지한 대북파를 제거한다. 하지만 이러한 친명정책은 1627년 정묘호란과 1636년 병자호란으로 귀결되는데 병자호란 때 인조가 삼전도에서 홍타이지 앞에 삼궤구고두를 행한 것은 잘 알려져 있다. 당시 청이 조선에 요구한 항복 조건 중, 명에서 받은 황제의 조서와 인장을 청에 반납하고, 명과 교신을 중단하며, 모든 문서에서 일자를 표기할 때 청의 연호를 사용할 것, 그리고 해마다 청에 신하를 보내 표문과 선물을 바치며, 청의 경조사에 예를 표하는 의식을 행할 것 등의 조건이 들어 있었다. 삼전도에서 인조는 명이 하사한 인장을 청에 바치고, 소현세자와 봉림대군을 인질로 보내게 된다. 그리고 조선은 청의 연호를 사용하면서 청제국과 종번관계로 들어간다.

그 과정, 그리고 그 후에 일어난 일들을 보면, 친명배금을 주장했던 상당수의 신하가 막상 청의 군사력을 눈앞에서 보면서, 전의를 불태우기보다는 청과 화의교섭을 주장하고, 병자호란 이후에는 친명에서 친청으로 매우 빠른 속도로 입장을 바꾸기 시작했다. 병자호란 이후 조선과 청제국과의 관계를 나타내는 다수의 문서를 보면, 조선은 재조지은의 명분과는 달리 청제국에 대하여 가장 모범적인 종번관계를 수립하고 청에 충성하는 모습을 보인다. 청제국 앞에서 친명의 명분을 대놓고 주장하는 군신은 발견하기 어렵다. 친명이라는 명분은 인조반정이라는 국내정치 권력투쟁의 도구로 사용되었을 뿐, 막상 현실이 닥쳤을 때 그 명분을 위하여 생을 바치는 순교자는 발견하기 어렵다. 조선은 청에 충성스러운 모범적 종번관계를 수립했고, 청은 다른 외번들에게도 조선의 사례를 들어 상하관계를 구축해나갔다.

해방 후 약 80년이 지난 지금 세상은 상전벽해와 같이 바뀌었다. 국제질서와 국제정치는 더 이상 식민지 병합의 제국주의 시대가 아니다. 일본과 연계해서 국내에서 정권을 잡거나 나라를 팔아먹으려는 정치세력이 존재하기에는 우리의 민주화는 너무나 진전되었고, 사회도 투명해졌다. 게다가 우리는 세계화의 물결을 타면서 일본을 넘어 미국, 유럽, 동남아시아, 심지어는 냉전의 적이었던 중국, 러시아와도 긴밀한 관계를 갖는 사람과 세력도 다양하게 생겼다. 선진국들이 하나의 시장을 이루어 법과 규범을 따르고, 무역으로 번성하는 자유주의 국제질서의 시대에 마치 제국주의 시대가 돌아온 것처럼 친일과 반일을 논쟁한다면, 이는 청의 시대가 도래하였는데 친명이나 반명이냐를 따지면서 정적에 대한 증오와 절멸을 부추긴 인조반정의 명분론과 유사한 논쟁이 아닐 수 없다.

03
'실리외교'라는 명분론

우리 외교에 또 하나의 명분론이 존재한다면 이는 바로 '실리외교'라고 할 수 있다. 말 자체는 명분이나 가치를 편향되게 좇지 말고 실리를 좇아 균형외교를 하라는 말이니 명분론과는 거리가 있어 보인다. 하지만 요즘 이 용어가 사용되는 맥락을 보면 실리외교만큼이나 명분론에 집착하는 말이 없다. 특히 인권과 자유와 같은 보편가치를 중요시해야 하는 진보진영에서 강력하게 이것을 주장하기에 오히려 더 명분론이 되어버린다.

이 말이 나오게 된 배경과 맥락은 다음과 같다. 러시아가 우크라이나를 침공하고, 중국이 대만을 통일하겠다는 계획이 수면 위로 올라오면서, 자유주의 국제질서의 자유주의 세력은 긴장하지 않을 수 없게 되었다. 무력으로 현상변경을 하겠다는 행동과 계획이기 때문이다. 게다가 세계 2위의 경제대국인 중국이 세계시장의 주요 공급망을 무기화하고, 산업정책을 통하여 미래 시장을 왜곡해나가려 하는데 자유주의 세력이 이에 대해 가만히 있을 수는 없다. 그리고 국제사회의 공통 규범 중 하나인 핵 비확산 원칙과 레짐을 우회하고 위반하면서 북한이 핵개발을 추진하고 이란 역시 핵을 가지려 하는데, 이에 대해 국제사회가 대응하지 않을 수 없다.

국제사회의 대응은 대부분 경제제재이다. 세계가 하나의 시장으로 연결된 현재의 국제질서에서 시장으로의 접근을 일정 부분 통제하는 경제제재를 가하면 당장 자국 경제에 압박이 생기고, 경제적으로 어려움을 겪게 된다. 따라서 국제사회는 러시아, 중국, 북한, 이란 등에 경제제재를 가하고 있다.

자유주의 국제질서의 핵심적인 일원이라면 이 제재에 참여하는 것이 너무나도 당연하다. 그대로 방치할 경우 우리의 국익에 해당하는 자유주의 국제질서가 침몰하기 때문이다. 또한, 국제사회가 동참하고 있는 제재에 참여하지 않고, 우리만 우회하여 러시아, 중국, 북한 등과 평상시같이 무역도 하고 교류도 한다면, 국제사회는 우리를 저들과 같은 범주의 국가로 보면서 우리에 대한 경제제재에 들어갈 것이다. 그래서 저들 국가에 대한 제재에 동참하는 것은 가치만을 따르는 명분외교가 아니라 국제사회에서 왕따 당하지 않고 실익을 찾는 실리외교에 해당한다.

그런데 오히려 어떤 대국과도 다 잘 지내야 한다는 명분론을 가지고 있는 사람들의 눈에는 이러한 외교는 러시아와 중국과도 잘 지내고 같은 민족인 북한과도 잘 지내면서 실리를 찾는 균형외교로 보이지 않는다. 거대한 시장이 있는 중국과 러시아를 포기하고, 한반도 평화를 위한 북한과의 교류를 포기하는 것은 가치만을 좇다가 실리를 잃는 외교라는 것이다. 그러나 지금은 저들과 함께하는 외교는 실리를 쫓는 균형외교가 아니라 명분을 쫓는 균형외교이다. 균형외교나 실리외교처럼 명분론같이 들리지 않는 명분론이 지금 존재한다는 것이 신기할 따름이다.

지금의 국제질서는 과거에는 존재하지 않았던 다자주의라는 제도적 합의로 만들어졌다. 하나의 국제사회가 존재한다. 이 국제사회 안에서 복잡한 가치사슬로 엮인 시장이 바로 우리의 생명줄을 잡고 있는 국제시장이고, 대한민국은 이 국제사회와 국제시장에서 선진강국으로 성장하여왔다. 명분론에 입각한 반일과 반미, 실리 균형외교는 우리 국익을 증진시키는 진짜 실리외교가 아니라 국제사회에서 왕따가 되는 길이다.

4장

보수 근대화세력은 어디로 갔는가?

지금 대한민국이 더 이상 앞으로 못 나아가고 무너지고 있는 징조가 있다면, 그건 전근대 소프트웨어 때문에 여기저기서 망가지고 있는 기관과 조직들이다. 그 합이 대한민국이라는 나라를 이루고 있는 것이니 전근대라는 소프트웨어는 가히 국가적인 위협이라고 말할 수 있다.

01
지금의 보수세력은
근대화세력의 후예인가?

과연 우리나라는 근대화를 이룩한 선진국인가? 보수의 근대화 프로젝트는 목표를 달성하였는가? 지금의 자칭 보수세력을 근대화세력이라고 부를 수 있을까? 근대라는 시대에 살면, 전근대적인 것은 자연스럽게 없어지는가?

소위 보수정부 집권하에 어지럽게 돌아가는 세상을 보면서 스스로 던지는 질문들이다. 1970~1980년대에 청년 시절을 보낸 우리 세대 사람들은 군사쿠데타와 권위주의, 비상계엄을 온몸으로 경험하였고, 대학에서는 민주화투쟁 데모와 최루탄이 일상이었다. 신문에는 주기적으로 간첩 사건과 북한의 군사적 도발이 등장하였고, 언론은 통제되어 신문 기사의 행간을 읽는 엄청난 독법 능력을 키워야 세상을 제대로 볼 수 있었다. 그래서 그런지 우리 세대는 나라 걱정을 하는 습관을 갖게 된 것 같다.

그 연장선상에서 지금 우리 사회가 어떤 문제를 가지고 있고, 그걸 어떻게 풀어야 하는지에 대한 걱정과 고민을 하다 보면, '전근대'라는 단어를 계속 마주치게 된다. 세계 10위권의 경제강국이고 선진국의 반열에 오른 국가에서 전근대라는 것이 문제의 핵심이고, 풀어야 할 과제라는 것이 웬 말인가 싶겠지만, 불행하게도 현실은 그렇다. 근대화를 고속으로 달성하다 보니, 근대화된 부분도 많지만, 그 근대화의 속도를 따라가지 못한 전근대가 곳곳에 남아 있기 때문이다. 게다가 남아 있는 전근대적 요소들은 사람의 의식과 행동을 제어하는 관습·문화·태도·철학·세계관에 관한 것이 많아서 근대적 하드웨어를 전근대적 소프트웨어로 돌리는 경우가 자주 발생한다. 마치 조선 시대 관리들이 최고급 스포츠카를 타고 관청에 행차하는 모습이라고 할까, 첨단무기 전쟁에서 전통 무술을 뽐내는 것이라고 할까. 상당한 미스 매치가 생겨난다.

지금 자칭 보수세력은 근대화라는 업적을 이루었다고 자부한다. 세계에서 유례없는 빠른 속도의 경제성장을 통하여 근대화의 기적을 달성했다고 한다. 근대화의 과정에서 독재와 권위주의, 인권탄압, 노동탄압 등이 있었지만 이는 고속 경제성장을 위한 불가피한 희생이었고, 또 그 물질적 성장의 바탕 위에서 민주화·선진화가 이루어질 수 있었다고 강변한다. 그래서 '근대화세력'인 한국의 보수세력은 근대화라는 보수의 목표를 이미 달성하였기 때문에, 새로운 비전을 찾지 못하고 길을 잃고 헤매고 있다는 소위 나름의 분석과 해법 모색을 하기도 한다.

그런데 과연 그러한가? 지금의 자칭 보수가 정말 근대화세력인지를 알기 위해서는 그들이 대한민국 보수의 아버지라고 부르는 박정희 대통령의 근대화 프로젝트로 다시 돌아가, 과연 자식들이 아버지의 뜻을 제대로 받들고 따르고 있는지를 살펴보면 된다. 그리고 그 아버지가 손가락으로 근대라는 달을 가리키고 있는데, 자식들은 달을 보지 않고 손가락만 보고 있는 것은 아닌지 성찰해보아야 한다. 결론부터 말하면, 역사의 아이러니인지 모르겠으나 지금의 우리 보수세력은 불행하게도 근대화세력이 아니라 거꾸로 '전근대화세력'이 되고 있다. 그들의 문화·태도·세계관·철학이 전근대를 향하고 있다. 근대를 전근대로 돌리고 있다면, 이는 나라를 망치는 일이 아닌가.

논란의 인물이기는 하지만, 박정희(이후 직함 생략)는 1961년부터 1980년까지 20년 동안 연평균 9%의 경제성장을 이룩한 세계적 지도자이다. 1945년 이후 신생 독립국이 된 150여 개의 국가 중 이러한 경제성장은 대한민국이 유일하다. 박정희가 대한민국 보수가 자랑하는 근대화의 아버지가 된 가장 중요한 이유는 바로 이 경제성장에 있다. 하지만 박정희가 달성하고자 했던 근대화는 단순히 경제성장에만 있었던 것은 아닌 것으로 보인다. 이전 조선과 대한민국의 전근대적 요소를 타파하는 것이 그가 생각한 근대화의 '총체적 목표'였다고 할 수 있다. 송의달 서울시립대 초빙교수가 조선일보에 쓴 「군인 박정희를 세계적 지도자로 만든 세 가지 '깊은 생각'」이라는 글에 다음과 같은 박정희의 생각이 인용된다. 후에 불명예스러운 일로 생을 마감하였지만, 초기 그의 근대화 철학을 읽을 수 있다.

박정희는 "조선왕조 500년 동안 사대事大주의, 게으름, 불로소득 관념, 개척정신의 결여 같은 나쁜 유산들로 인해 민족성이 악화되고 관존민비官尊民卑와 공인工人에 대한 천시가 굳어졌다"고 했으며(『우리민족』 84~96쪽), 또 "민족사에 대한 처절하고 전면적인 부정否定 위에서 그는 '5·16 혁명'의 의의意義를, '이것은 멀리는 고·중세대, 가까이는 이조李朝 오백 년간의 침체와 왜제倭帝(일본의 통치) 36년간의 피맺힌 학정, 해방 이후 고질을 총결산하여 다시는 가난하지 아니하고, 약하지 아니하고, 못나지 아니한 예지와 용기와 자신을 가진 신생민족의 우렁찬 신등정新登頂이다.'(『국가와 혁명』 26쪽)"라고 인용하고 있다.

또한, 서민에 대한 박정희의 애정을 기술하면서 송 교수는 "'서민들이 잘 사는 나라'가 그의 최고 통치 목표였음을 보여준다. 다른 한편으로 관직을 둘러싼 당쟁과 파당주의, '특수 특권의식' 그리고 이에 물든 정치인들에게는 환멸과 염증을 표했다"고 하였다. 또한 "또 다시 전근대적인 파당의식의 포로가 되어 정쟁政爭을 일삼는 (…) 돈과 감투 분배에 눈이 어두운 (…) 사리사욕私利私慾으로 뭉친 도당 (…) '입으로 정치'하는 습성(『우리 민족』 24쪽, 201~213쪽)"을 타파하여야 한다고도 인용하고 있다. 그리고 "지도자는 대중과 운명을 같이 하고 그들의 편에 서서 동고동락同苦同樂하는 동지로서의 의식을 가진 자라야 한다. 친절하고 겸손하며 모든 어려운 일에 당하여 솔선수범하여 난관을 돌파하며 사私를 버리고 오직 국민을 위하여 희생한다는 숭고한 정신을 그는 가져야 한다(『지도자도』 18쪽)"며 박정희는 공언을 스스로 지켰다는 평가를 하고 있다.

여기서 박정희의 근대화 프로젝트가 타파하려고 했었던 전근대적인 관습·문화·태도·세계관을 몇 개의 단어로 정리해보면 이런 것이다. 사대事大주의, 불로소득 관념, 개척정신의 결여, 관존민비官尊民卑와 공인工人에 대한 천시, 관직을 둘러싼 당쟁과 파당주의, 특수 특권의식, 돈과 감투 분배에 눈이 어두운 사리사욕私利私慾으로 뭉친 도당, 입으로 정치하는 습성 등이다.

이러한 것들은 근대화의 격변기에 조선과 대한민국을 뒤처지게 하고, 식민지로 전락하게 만든 전근대적인 요소들인데, 이상하게도 지금 보수정부하에서 그러한 전근대적인 것들이 너무나 생생하게 부활하고 있다. 보수세력의 모두가 다 그런 것은 아니겠지만 관존민비의 사상은 국회와 정부, 사법부의 고관들에게서 재현되고 있다. 선거 때와 뉴스에 나올 때만 국민을 위하는 척하고, 그때를 제외하면 많은 '고관대작'들은 단지 고위공직자라는 타이틀 하나 가지고 특권의식에 젖어 권위적인 행태를 보이는 것이 한두 번이 아니다. 심지어는 권한이라는 명분하에 갑질도 공공연하게 하는 경우도 있다.

02
전근대화세력이 된 보수세력

고위직이기에 신분차별, 임의적 갑질을 해도 된다는 통치 소프트웨어는 전근대 소프트웨어다. 근대인 지금은 어떤 고위직이라 하더라도 단지 여러 직업 중 하나일 뿐이고, 직위의 고하도 위로 올라갈수록 고도의 판단력과 책임을 지는 위치로 올라가는 것일 뿐, 적정한 절차 없이 마음대로 생사여탈권을 갖도록 권한이 부여되는 것이 아니다. 대신 결정 책임에 상응하는 금전적·상징적 보상을 하는 것이 근대 자본주의 사회의 규칙이다. 보수가 칭송하는 박정희는 바로 저 특권의식·관존민비의 전근대적인 행태를 바로잡고자 했는데 지금의 보수세력은 박정희가 가장 혐오하는 행태를 그대로 살려내고 있다. 근대화세력이 아니라 전근대화세력이 된 셈이다.

"관직을 둘러싼 당쟁과 파당, 파벌주의, 사리사욕으로 뭉친 도당, 그리고 입으로 하는 정치" 역시 지금의 보수세력이 답습하고 있다. 근대적인 전문성을 가진 세력이어야 할 보수세력이 정권을 잡으면 전문성과 상관없이 자기 인사 챙기는 것이 가장 중요한 업무가 되면 안 된다. 사화 이후에 정적 날리고 자기 사람 챙기는 것이 정치의 일상이었던 조선 시대를 보는 것 같다. 중요 포스트에 내 사람을 꽂고 남의 사람 막는 것, 전문성보다 충성심과 사리사욕을 채우는 것이 인사의 기준이 되면 안 된다. 하지만 현실에서는 근대 국가의 근간인 법·규범·원칙보다는 사람에 대한 충성을 더 중요시하고, 국민을 우선시하는 공복이 되면 '배신', '반역', '의리 없는 놈'과 같은 전근대적인 욕설이 난무한다. 전문성과 정책의 영역에서 배신과 의리 같은 전근대적인 기준이 왜 나와야 하는가?

가장 심각한 전근대적 병폐는 근대의 상징이라 할 수 있는 법치를 무시한 범법자를 단지 자기편이라는 이유로 보호하는 일이다. 보수정당의 나으리들은 범법, 심지어 헌정을 무너뜨리는 무지막지한 일을 도모한 '주군'마저도 의리를 지킨다는 명분으로 보호하려 한다. 지금의 보수정당은 그야말로 전근대를 수호하느라 여념이 없다. 정당이라는 근대적 하드웨어를 전근대 소프트웨어로 돌리고 있으니 정당이 온전할 리 없다.

보수와 진보를 막론하고 윗사람을 모시는 전근대적인 의전 역시 가관이다. 고관이 행차하면 수십 명이 의전에 동원되고, 동선과 자리 배치에 조금이라도 불편이 생기지 않도록 직원들이 쩔쩔맨다. 자리 배치와 사진 촬영 배치도 중앙이 아니면 큰일이다. 차를 구입할 때도 차의 승차감이 중요한 것이 아니라 차에서 내릴 때 받는 대우, 즉 하차감이 좋아야 하기 때문에 크고 비싼 고급 차가 많이 팔린다는 말도 있다. 이 역시 전근대적인 신분 문화, 의전 문화가 작동하기 때문이다. 쓸데없는 인력과 세금의 낭비이다.

이 외에도 전근대적인 소프트웨어는 무수히 많다. 과학과 증거 기반 정책이 아니라 미신에 의존하는 정책이 있다고 하지를 않나, 공사구별이 안 되어 공적인 권한을 사적 이익을 위하여 사용하거나, 투명성과 설명 책임을 무시하고, 마음대로 권한을 남용하는 일이 빈번하다. 근대적인 하드웨어, 즉 정부와 정당, 공공기관, 교육기관 등을 전근대적인 소프트웨어로 돌리면 하드웨어가 안 망가지고 배길 수가 없다. 지금 대한민국이 더 이상 앞으로 못 나아가고 무너지고 있는 징조가 있다면, 그건 전근대 소프트웨어 때문에 여기저기서 망가지고 있는 기관과 조직들이다. 그 합이 대한민국이라는 나라를 이루고 있는 것이니 전근대라는 소프트웨어는 가히 국가적인 위협이라고 말할 수 있다.

우리의 눈을 국내가 아닌 국제로 돌려도 국가적 위협은 전근대적 리더들이 만들고 있음을 알 수 있다. 지금의 국제질서인 자유주의 국제질서는 근대질서이다. 과학과 법과 다자규범과 보편가치, 그리고 합리적인 시장원리에 의해서 돌아가는 질서이다. 지금 이 질서를 흔드는 국가들, 즉 러시아·중국·이란·북한은 전근대적인 지도자들이 전근대적인 세계관으로 운영하고 있다. 역시 근대국가라는 하드웨어를 전근대적 소프트웨어로 돌리고 있으니 나라가 온전할 리 없다.

근대사회는 물질적인 풍요만 있는 그런 졸부의 사회가 아니다. 관습과 문화, 전통과 태도와 같은 소프트웨어가 물질적 하드웨어와 함께 공히 근대화된 그런 사회이다. 그런데 지금 그 근대화의 꿈을 가장 처참하게 짓밟는 세력이 바로 자칭 박정희의 후예라고 하는 보수세력이 아닌가 싶다. 우리 보수세력은 이제 '근대화 2.0'이라는 새로운 목표를 설정하고 다시 국민과 함께 선진 강대국 만들기에 전념하여야 한다.

나가며

강대국 소프트웨어 만들기를 시작할 때

모든 국가는 국가의 하드웨어와 소프트웨어가 있다. 하드웨어가 국가의 물적 기반이라면 소프트웨어는 이를 돌리는 인간이 사용하는 제도, 관행, 문화, 세계관, 통찰과 같은 것으로 구성되어 있다. 후진국이며 약소국은 물적 기반이 갖추어져 있지 않고, 당연히 소프트웨어도 엉성하다. 아무리 인구가 많은 국가여도 이러한 국가에서는 천재나 위대한 사상가가 좀처럼 나오지 않는다. 선진적인 소프트웨어를 만들어내는 사람이 필요하지도 않고, 나와도 쓸 일이 없어서 인정을 받지 못하기 때문이다.

선진국으로 이민한 약소국의 출신 중에서 천재나 위대한 사상가가 나오는 이유는 이들이 만드는 선진적인 국가적·사회적 소프트웨어에 대한 국가적 수요가 있고, 이들을 길러내는 시스템이 갖추어져 있기 때문이다. 우리나라에서 아직 세계적인 천재나 위대한 사상가, 노벨 과학상 수상자가 못 나오는 이유 역시 마찬가지이다. 그러한 천재를 필요로 하는 시스템이 아직 없기 때문이다. 추격하는 국가에는 천재가 아니라 수재가 필요하다. 앞선 것을 잘 배워서 따라 하고, 도입하고, 거기서 조금씩 발전시켜나갈 수 있는 능력이 있으면 되기 때문이다. 천재적인 사람이 나와도 그다지 쓸 데가 없다.

강대국은 강대국의 하드웨어와 강대국의 소프트웨어가 갖추어져야 한다. 우리 대한민국은 산업화에 매진하면서 서서히 강대국의 하드웨어를 갖추기 시작하였다. 세계적인 군사력과 경제력, 기술력을 가지고 있고, 4차 산업혁명을 견인하는 디지털 기술과 인공지능 기술 등도 미국·중국 수준은 아니지만, 세계적인 수준이라 할 만하다. 국가의 공공부문에서도 군사적·경제적 기반 및 시설, 공공인프라, 정보화 수준 및 근대적인 정부와 제도, 법, 해외 네트워크 등으로 선진국·강대국의 하드웨어를 갖추고 있고, 민간 영역에서도 세계적인 수준의 기업들이 전 산업 분야에서 활약하고 있다. 물론 금융이나 서비스업, 특정 최첨단 제조업에서 세계적 수준에 못 미치는 부문이 있지만, 우리나라만큼 산업 경쟁력을 가진 국가는 많아야 열 손가락 안으로 꼽는다.

이러한 세계적 수준의 하드웨어가 있으면 이를 세계적 수준의 소프트웨어로 돌려야 한다. 그 소프트웨어를 만들고 국내외에서 잘 정착시키는 일이 바로 강대국 지식인과 지도층의 책무이다. 이들이 소프트웨어를 잘 만들고, 잘 관리한다면 우수한 우리나라의 인적자원이 그 어느 나라보다 더 이 소프트웨어를 잘 활용할 것이라 믿어 의심치 않는다. 즉 우리가 강대국이 되기 위해서는 산업화와 정보화, 4차 산업혁명의 물결을 타는 것도 중요하지만, 이들을 잘 활용하는 강대국의 소프트웨어가 시급히 만들어져야 한다.

불행하게도 지금은 그나마 잘되어 있는 하드웨어를 전근대적인 지도자들이 들어와서 엉망으로 돌리다가 나라를 절단 내는 형국이다. 전근대적인 관행과 시대착오적인 계엄으로 나라가 한꺼번에 멈출 뻔하였다. 이 국난을 전화위복의 기회로 삼아 이제는 정신을 차려 강대국으로 가는 소프트웨어를 만들고, 그 소프트웨어를 잘 운영할 수 있는 인적자원을 발굴·양성하여 적재적소에 배치하여야 한다. 이 일은 정파적으로 할 일도 아니고, 진영논리에 매몰되어서 추진해도 안 된다. 미·중·일·러라는 강대국 사이에서 새로운 강대국이 되기 위해서는 진영을 뛰어넘어 온 국민이 합심하여 노력하여야 한다. 그 길은 미국과 중국 간에 어디를 선택하느냐의 길이 아니라 미국·중국과 함께 미래의 국제질서와 우리의 미래를 만들어나가는 길이다.

이 책은 이러한 강대국 소프트웨어에 대해 다양한 각도에서 나름의 의견을 제시하였다. 우리 대한민국은 1945년 이후 등장한 국제질서인 자유주의 국제질서에서야 비로소 부국이 될 수 있었고 강해질 수 있었다. 자유주의 국제질서야말로 능력과 의지와 성실함만 있으면 성공할 광대한 기회가 주어지는 자유롭고 열린 세계시장 질서이기 때문이다. 전근대적이고 정체되어 있었던 중화질서와는 근본적으로 다른 국제환경인 것이다. 이러한 개방적이고 자유로운 세계시장 질서가 있어야만 우리 대한민국은 과거 중화질서에서는 꿈도 꿀 수 없었던 선진국도 될 수 있고, 강대국도 될 수 있다.

이러한 배경에서 우리의 강대국 비전은 우리가 자유주의 국제질서의 주인이 되어, 이 질서를 보호하고, 발전시키고, 우리의 미래와 이 질서의 미래가 잘 조화를 이룰 수 있도록 하는 비전이다. 그러기 위해서는 하루빨리 자유주의 국제질서에 대한 정확하고 총체적인 이해와 국제질서의 운영 능력을 갖춘 인재를 발굴하여 우리의 강대국 운영체계를 국내 및 국제질서 안에 심어야 한다. 한반도와 동북아시아에만 갇힌 세계관과 미국이나 다른 선진국이 제공하는 운영체계 안에서 그들이 하자는 대로 따라가는 외교로는 절대 강대국이 될 수 없다. 우리가 그들과 함께 주인이 되는 다자주의 틀로 들어가고, 또 새로운 다자주의 틀도 만들고, 우리의 어젠다를 세계적 어젠다로 만들며, 우리가 만든 표준이 국제적인 표준이 되도록 다른 강대국의 협력을 유도하고, 우리의 인적자원이 세계적인 장에서 활약할 수 있도록 국가적인 지원을 아끼지 말아야 한다. 쓸데없는 의전이나 이벤트·광고·홍보에 드는 국가의 세금을 이런 쪽으로 대폭 돌려야 한다.

강대국에 맞는 세계적 수준의 인적자원을 키우는 교육 시스템이 마련되어야 한다. 지금의 대학도 서열화가 되어 있지만, 자유경쟁 사회에서 어느 정도의 서열은 불가피하다. 문제는 대학 이후의 삶에도 자유경쟁의 기회를 보장함으로써 대학 서열이 인생의 서열이 되지 않도록 하는 데 있다. 강대국에 맞는 세계적인 인적자원 역시 치열한 경쟁과 실력 발휘를 통하여 길러져야 한다. 그러한 인재 양성 시스템이 무엇이고 어떠한 것인지는 여기서 논하기 어렵지만, 다른 강대국의 초엘리트와 경쟁할 수 있는 초엘리트를 양성하는 것임에는 틀림이 없다. 우리나라와 같이 교육의 평등을 강조하는 문화에서는 초엘리트 양성이 문화적으로 쉽게 받아들여지지 않겠지만, 국가가 추격의 단계를 넘어 선도의 단계로 들어서면 다른 선도 국가의 세계적 수준의 인재와 경쟁할 수 있는 세계적인 인재가 있어야 많은 국민에게 기회가 만들어지는 미래를 만들 수 있다. 추격의 시대에 필요했던 수재형 인간은 이제 경쟁 속에서 나의 직장과 자리를 뺏는 사람들이지만, 세계적 수준의 천재형 인간은 우리에게 수많은 직업과 기회를 만들어주는 사람들이다. 빌 게이츠의 마이크로소프트가 그러했고, 스티브 잡스의 애플이 그러했다.

한편, 4차 산업혁명과 인공지능, 녹색경제의 시대에 우리가 지금 미국이나 중국에 비하여 선도적인 혁신과 첨단 기술력이 떨어진다고 너무 걱정할 필요는 없다. 강한 국가는 먼저 발명하고, 혁신하고, 첨단기술을 갖고 있느냐로 결정되지 않는다. 강한 국가는 그것을 전 사회 및 경제로 확산하고 최적으로 활용하는 능력을 지닌 국가이다.[21] 아무리 디지털 기술을 미국이 먼저 발명하였다 하더라도, 이를 우리가 잘 활용하고 전 사회와 경제로 확산하였기 때문에 대한민국이 유럽과 일본에 어깨를 견줄 수 있는 강한 국가가 된 것이다. 지금 유럽은 혁신을 따라가지 못하고, 이를 경제와 사회에 확산시키는 데 뒤처지면서 급속도로 그 힘이 약해지고 있다. 이는 역발상으로 한국에 유럽의 빈자리를 대체하는 기회를 주는 일이기도 하다. 즉 우리가 대신할 강대국의 자리가 생기고 있다는 의미이다.

비상계엄까지 불러온 국가의 '전근대화'가 이제 우리에게 경각심을 불러일으키고 있다. 잘못하면 '피크 코리아'가 현실이 될 수 있다. 하지만 우리는 그 피크에서 또다시 새로운 국가적 목표를 설정하고, 그 목표에 도달하는 로드맵과 시간표를 만들어내면 국가를 또 한 단계 도약시킬 수 있다. 그 목표 중 하나가 바로 강대국 만들기이다. 이제 산업화와 민주화를 넘어서 강대국으로 가는 꿈을 꿀 차례다. 우리는 제국주의 시대에 제국을 만들지 못하여 식민지가 되었다. 지금의 시대의 제국 만들기는 자유롭고 개방적인 자유주의 국제질서에서 강대국이 되는 것이다.

미주

1. Manjari Chatterjee Miller, *Why Nations Rise: Narratives and the Path to Great Power*(Oxford University Press, 2021).
2. 국제정치학에서 힘에 관한 다양한 논의는 Baldwin의 글에 자세히 정리되어 있다. Richard Baldwin, *Power and International Relations: A Conceptual Approach*(Princeton University Press, 2016).
3. 이러한 맥락의 해석은, Ali Ansari, "Alexander the not so Great: History through Persian eyes", BBC News, July 2012. https://www.bbc.com/news/magazine-18803290, 2024년 7월 30일 접속; Lee, J. "Did Thucydides Believe in Thucydides' Trap? The History of the Peloponnesian War and Its Relevance to U.S.-China Relations." *Journal of Chinese Political Science* 24, pp.67-86(2019).
4. Graham Allison, *Destined for War: Can America and China Escape Thucydides's Trap?*(Houghton Mifflin Harcourt, 2017).
5. 이러한 현실주의 시각을 대표하는 저작이 바로 Kenneth Waltz, *Theory of International Politics*(Addison-Wesley Publishing Company, 1979).
6. 이러한 몰역사적인 대표적 지정학 저작이 Robert Kaplan, *The Revenge of Geography: What the Map Tells us About Coming Conflicts and the Battle Against Fate*(Random House, New York: 2012); Tim Marshall, *Prisoners of Geography*(Simon and Schuster, 2016). 이러한 지정학에 대한 비판으로는 Daniel Immerwahr, "Are we really Prisoners of geography?", *The Guardian*, Nov. 10, 2022.
7. 해양제국의 역사에 관한 대표적인 국내 저작으로는 주경철, 대항해 시대: 해상 팽창과 근대세계의 형성(서울대학교출판문화원, 2008).
8. 대표적인 예로는 크래스너와 모델스키의 작업을 들 수 있다. Stephen Krasner, "State Power and the Structure of International Trade", *World Politics*, 28(3), 1976, pp. 317-347; George Modelski, "The Long Cycle of Global Politics and Nations State", *Comparative Studies in Society and Politics*, Vol. 20, No.2(April, 1978), pp.214-235.
9. 자본주의 산업화와 근대로의 이전에 관한 역사로는 다음을 참조. Leo Huberman, *Man's Worldly Goods: The Story of the Wealth of Nations*(Monthly Review Press: 2009).

10 자유주의 국제질서에 대한 이러한 시각은 나의 고유한 해석과 시각이다. 기존 자유주의 국제질서에 대한 대표적인 이론가 및 역사가인 아이켄베리는 미국과 서구 중심의 자유민주주의가 자유주의 국제질서의 핵심이라고 보고 있으나, 이는 미국 및 서구 민주주의 국가에 편향된 정치 중심의 시각이라고 할 수 있다. 나는 이 시각에 동의하지 않는다. 아이켄베리의 시각에 대해서는 다음을 참조. John Ikenberry, *After Victory: Institutions, Strategic Restraint, and the Rebuilding of Order After Major Wars*(Princeton University Press, 2001); John Ikenberry, "The Liberal International Order ad its Discontents", *Millennium-Journal of International Studies*, May 2010, pp.509-521.

11 국제사회와 다자주의를 연결한 연구는 아니지만, 국제정치에서 다자주의 및 규칙, 규범의 중요성을 지적하는 선구적인 연구로는 다음을 참조. John Gerard Ruggie Ed., *Multilateralism Matters: The Theory and Praxis of an Institutional Form*(Columbia University Press, 1993).

12 Francis Fukuyama, "The End of History", *The National Interest*, No. 16(Summer 1989), pp.3-18.

13 이에 관한 보다 자세한 논의는 이근, "강대국 대한민국으로 가는 길", 대한민국 넥스트 레벨(21세기북스, 2023), pp.26-59.

14 이렇게 통상조약 및 계약을 상호 담보할 수 있는 국가의 필요 때문에 근대 주권국가가 등장하고 주류화되었다는 역사적 연구로는 Hendrik Spryut, *The Sovereign State and Its Competitors*(Princeton University Press, 1994).

15 발전국가developmental state는 Chalmers Johnson이 일본 근대화를 모델로 개념화하고 이론화한 것이다. Chalmers Johnson, *MITI and the Japanese Miracle: The Growth of Industrial Policy 1925-1975*(Stanford University Press, 1982).

16 중국 경제에 대한 이러한 분석으로는 Zongyuan Zoe Liu, "China's Real Economic Crisis: Why Beijing Won't Give Up on a Failing Model", *Foreign Affairs*, September/October 2024.

17 Joseph Nye, *Bound to Lead: The Changing Nature of American Power*(Basic Books, 1991).

18 조셉 나이의 소프트 파워 개념을 비판적으로 발전시킨 이론화 작업은 Geun Lee, "A Theory of Soft Power and Korea's Soft Power Strategy", *Korean Journal of Defense Analysis*, 2009; Geun Lee, "Soft Power after Nye: The Neoliberal International Order and Soft Power Learning", in Yasushi Watanabe ed., *Handbook of Cultural*

Security(Edward Elger, 2018).

19　Samuel Huntington, *Clash of Civilizations and the Remaking of World Order*(Simon & Schuster, 1996).

20　이와 관련된 대표적인 이론이 국제정치 이론에 한 획을 그은 코헤인의 국제제도와 관련된 이론이다. 그는 다자로 묶인 국제제도가 국제협력에 어떠한 영향을 미쳤는지를 정교한 이론으로 밝히고 있다. 그의 이론은 애초에 그가 의도한 바를 넘어서 자유주의 국제질서를 이해하는 데 핵심이 되는 이론이 되었다. Robert Keohane, *After Hegemony: Cooperation and Discord in the World Political Economy*(Princeton University Press, 1984); 다자주의에 집중한 이론적 논의로는, John Gerard Ruggie ed., *Multilateralism Matters: Theory and Praxis of an Institutional Form*(Columbia University Press, 1993).

21　Jeffrey Ding, *Technology and th Rise of Great Powers: How Diffusion Shapes Economic Competition*(Princeton University Press, 2024).

KI신서 13537
2030 대한민국 강대국 시나리오
서울대 국제대학원 이근 교수의 새로운 국가 비전과 전략

1판 1쇄 인쇄 2025년 4월 16일
1판 1쇄 발행 2025년 4월 30일

지은이 이근
펴낸이 김영곤
펴낸곳 (주)북이십일 21세기북스

인문기획팀장 양으녕 **인문기획팀** 이지연 서진교 김주현 이정미
디자인 푸른나무디자인
마케팅팀 남정한 나은경 한경화 권채영 최유성 진연우
영업팀 한충희 장철용 강경남 황성진 김도연
제작팀 이영민 권경민

출판등록 2000년 5월 6일 제406-2003-061호
주소 (10881) 경기도 파주시 회동길 201(문발동)
대표전화 031-955-2100 **팩스** 031-955-2151 **이메일** book21@book21.co.kr

(주)북이십일 경계를 허무는 콘텐츠 리더

21세기북스 채널에서 도서 정보와 다양한 영상자료, 이벤트를 만나세요!
페이스북 facebook.com/jiinpill21 **포스트** post.naver.com/21c_editors
인스타그램 instagram.com/jiinpill21 **홈페이지** www.book21.com
유튜브 youtube.com/book21pub

서울대 가지 않아도 들을 수 있는 명강의! 〈서가명강〉
'서가명강'에서는 〈서가명강〉과 〈인생명강〉을 함께 만날 수 있습니다.
유튜브, 네이버, 팟캐스트에서 '서가명강'을 검색해보세요!

ⓒ이근, 2025
ISBN 979-11-7357-247-0 03340

· 이 책 내용의 일부 또는 전부를 재사용하려면 반드시 ㈜북이십일의 동의를 얻어야 합니다.
· 잘못 만들어진 책은 구입하신 서점에서 교환해드립니다.
· 책값은 뒤표지에 있습니다.

함께 읽으면 좋은 책

대한민국, 넥스트 레벨
성공경제연구소 기획, 코리아다이나미즘포럼 편저

정치·사회·문화·경제 최고 전문가 12인의
국가 성장을 위한 제언

『대한민국, 넥스트 레벨』은 성공경제연구소와 12인의 각 분야 전문가들이 함께 급변하는 국제 정세 속에서 대한민국이 진정한 선진국으로 도약하기 위한 국가 비전을 제시한 책이다. 정치, 경제, 사회, 문화 등 전반에 걸쳐 우리 사회가 직면한 위기와 과제를 날카롭게 진단하고, 세계 10위권 경제 규모와 과학기술·문화 강국으로 성장한 대한민국의 현주소를 되짚는다. 2021년 유엔이 공식적으로 선진국 지위를 인정했지만, 여전히 불안정한 국가 정세 속에서 단기 처방에 급급한 현실을 넘어 장기적이고 지속 가능한 방향 설정이 절실하다는 문제의식을 담았다. 이 책은 지금 우리에게 필요한 새로운 성장동력을 모색하며, 대한민국의 다음 단계를 준비하는 이들에게 넓은 시야와 통찰을 전한다.

K-POP 이노베이션
세상을 흔든 한국형 혁신의 미래
이장우 지음

아이돌의 탄생부터 세계화 전략까지!
K-POP은 어떻게 수출 전략 산업이 되었는가

K-POP이 어떻게 세계적인 산업으로 성장했는지를 H.O.T.부터 BTS까지, K-POP의 25년 역사를 경영학적 시각에서 분석한 책이다. K-POP의 글로벌 성공은 우연이 아닌 체계적인 '혁신 전략'의 결과임을 강조하며, 아이돌화, 수익원 다변화, 세계화라는 3대 전략을 중심으로 설명한다. 특히 SM의 시스템, 리더십, 비전은 K-POP 산업화의 대표 사례로 깊이 있게 조명된다. 저자는 K-POP이 반도체와 IT 산업처럼 구조적 공통점을 지닌 한국형 혁신 모델이라고 분석하며, 4차 산업혁명 기술과의 융합 가능성까지 제시한다. 불확실성과 수익 구조의 불안정이라는 문화 산업의 한계를 어떻게 돌파했는지를 보여주는 이 책은 혁신을 꿈꾸는 모든 이들에게 참고가 될 것이다.